奥里森·馬登

談失敗 筆記版

打破心理束縛
實現你的非凡人生

Be brave or be a loser

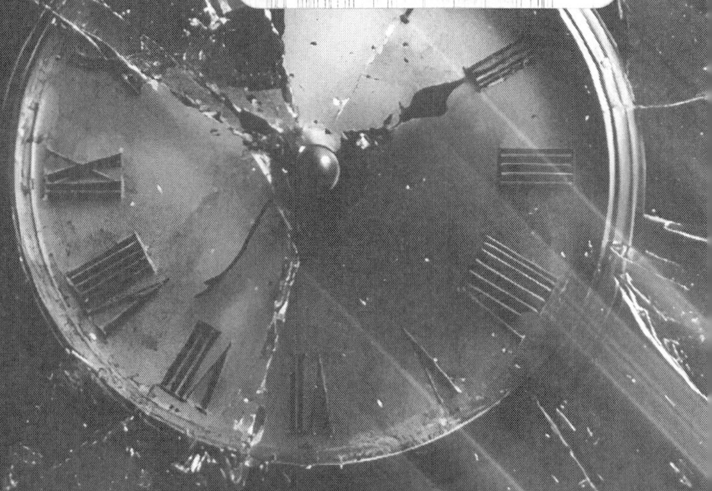

(Orison Marden)
奥里森·馬登 著
伊莉莎 編譯

清晰方向 × 專注行動 × 拒絕平庸 × 激發潛能

在每一次選擇中成就不凡

從恐懼到行動！激發讀者潛能、突破內心限制

目錄

目錄

第一章

克服自卑並非羞恥，
唯有懼怕才是真正的恥辱

相信自己，便無所畏懼

「決意乃力量，自信則通向成功。」具備自信者，堅信自身能夠應對將至之挑戰，視己之能力超越常人，並常常展現此等卓越。「擁有信念者，能將微不足道化為偉大，將平凡變為神奇」，可仰望他人，然不可輕視自我；可信任他人，但首要應信賴之者乃是自身。

◆ 拿破崙的馬：自信的象徵

一名士兵在向拿破崙傳遞信件的途中，戰馬意外地死去。拿破崙接到信後，命令他騎上自己的馬將回信送回。士兵面對拿破崙那華麗的座騎，感到自愧不如地說道：「將軍，像我這樣的普通士兵，不應騎這樣的高貴之馬。」然而，拿破崙堅持讓他騎，「世間無物，法蘭西士兵皆應享有。」

在此世間，眾多人士如同此法國士兵般缺乏自信，此乃導致其不求進取、停滯不前之根本原因。

◆ 自卑與自信：人生的分水嶺

自卑者如同心靈的腐蝕劑，自信者則似心靈的發電機。自卑之人，無法認清自身之長，常將「不可能」三字掛於唇邊。然則，世間無事為絕對不可能之事。若爾不欲平庸，必需超脫自卑與自我懷疑之念。如此，方能漸漸擺脫自責與抱怨之習慣。

◈ 偉人故事：自信成就偉業

信念能使平凡之人化身偉大。在美國尚在內戰之際，林肯以堅定的信心聲稱他能夠終結這場戰爭，果然，他如願以償；貞德則是出自平民，她以自信引領法軍。拿破崙、路德、韋斯利、雨果、俾斯麥等偉大人物，曾經也皆是默默無聞之輩，然憑藉卓越的自信，最終成就了眾所周知的偉業。自信乃一種充滿生命力之特質，若其生機勃勃，將頑強地生長，積蓄強大力量，終將引領人走向成功。反之，萎靡不振則會導致接連失利，最終讓負面情緒吞噬自我。

◈ 相信可能：自信突破的魔力

當我們堅信某事無法實現時，心智便會為我們建構種種無法達成的理由。然若我們真心相信某事確可實現，心智則會助我們尋找解決之道。若能「永遠做一個不向現實妥協的叛逆者」，便能將無數不可能化為可能，這即是自信的力量所在。

◈ 改變認知：自信的根源在心

洞察自身之思維。有時，問題的核心在於我們的認知，而非我們所思之事。人的自卑感源於心理上消極的自我暗示，即「我無法」。哲學家史賓諾沙曾言：「因痛苦而自貶，乃自卑之表現。」悲觀者常顯憂鬱之態，其思維模式亦為消極。須先改變以陰暗之眼觀事之習慣，方能見事之光明面。

◆ 發聲的力量：語言表達與自信

當眾發言乃是一種重要的技能。許多才華橫溢者未能充分展現其才華，並非因其無意發聲，而是因缺乏自信。無論是讚譽抑或批評，適時而明確地表達至關重要，語言能力乃增強自信之良藥。若一人能夠清晰且明確地陳述其思想，則可見其具備明確之目標與堅定之信念。

◆ 步伐之速：自信的肢體語言

提升行走之速。通常而言，個體在工作或情緒不悅時，其鬆弛之態與懶散之眼可見一斑。心理學家言，調整行走之姿與速度，能夠轉變心理狀態。那些展現出卓越自信之人，其行走速度往往較常人更為迅速。其步伐傳達的訊息乃是：我自信，堅信不久將迎來成功。故而，宜嘗試加快行走之速。

◆ 目光的力量：直視他人，表達真誠

在交流之際，應當直視對方。眼目乃心靈之窗，當與他人言談時，若目光閃爍，則暗示我有所隱瞞，或有不當行為，與之目光相接便會暴露。此乃不良訊號。若能直視對方，則可傳達我誠實無欺，所言皆為真實，無有虛偽。欲使雙眼為我所用，必須專注其神，然此不僅增強自身信心，亦可獲得他人之信任。

◆ 笑聲的魔力：化解恐懼與敵意

毋需顧慮，放聲而笑。笑聲能增強自信，消除心中之恐懼，並激勵自身克服艱難的勇氣。真正的笑容不僅可化解自身之負面情緒，亦能平息他人之敵意。

◆ 拒絕模仿：塑造獨特性與創新之路

毋庸置疑，切勿盲目模仿他人，應當彰顯自身之獨特性。不僅需宣揚個人特質，更應積極推廣之。當學習於共存之道時，應強調自身之異於常人，避免陷入普遍之境。成功者皆為獨特之存在，但其共通之處在於拒絕模仿。若依賴他人之路而抵達目的地，則永遠居於他人之境，唯有開創新途徑，方能踏入自身之領域。

人生無畏，輸贏由心

本文闡述了自信在人生與成功中的核心作用，並探討如何培養與展現自信。自信是一種改變人生的力量，能將平凡化為偉大，將不可能化為可能。從拿破崙的馬到林肯的信念，偉人故事展示了自信如何成就偉業。培養自信需改變認知，摒棄消極的自我暗示，並透過語言表達、步伐速度、目光交流等方式展現自信。自信還能幫助人拒絕模仿，彰顯自身的獨特性與創造力。真正的自信來自內心的強大與堅定，並能透過笑聲、真誠與行動感染他人，化解恐懼與敵意。唯有相信自己，方能在生活的挑戰中無所畏懼，最終開創屬於自己的成功之路。

若欲逃離命運之迷宮，首需尋得自身獨特之珍寶

「人之一生，唯有其內心所設之限乃為唯一之障礙。」欲盡展內在潛能，必需真心投入，唯有此，方能開啟諸多潛能之門戶。常常，困難與阻礙於心中被誇大，似乎一石攔於通向成功之途。然而，若能超越內心所設之限，便可克服種種困難與阻礙，抵達人生之巔峰。

◆ 潛能的覺醒：契機來自鼓勵與啟發

眾多人士直至年老之際，方才釋放其內在之能量，獲得成就。促使其潛能之源，或為一次演講，或為聆聽一番充滿感染力之言辭，或為閱覽一本具說服力之書籍，或為友人所傳遞之真摯鼓勵等等。友之鼓勵至為重要，對於激發人之潛能，往往具備極大之影響。

◆ 人生最大遺憾：潛能未被發掘

未曾發掘自身潛能乃人生之最大遺憾。正如某位文人所言：「一角之幣與二十元鈔若沉於海底，實無二致。」其價值之差異，唯有在你將其撈起並加以利用時方能顯現。

同樣，唯有當你深刻自知，並發揮無窮之智慧，方能顯現出你之價值與才能。

◆ 心理高度：自我設限的致命影響

眾多之人，於成功之追求上，非因無能而止步，然因其心中預設一種所謂之「高度」。此高度常常暗示其自我：成功乃無望之事，無法達成。此所謂「心理高度」實為人類無法獲得偉大成就之根本原因之一。上天在每一個人之內，皆埋下了一粒神祕之種子，其龐大之能量，足以使吾等完成幾乎所有艱難之任務。故此，不宜自我限制，將自身拘泥於特定範疇，唯有打破此等限制，方能有所超越。

◆ 馬歇爾的啟示：環境與潛能的關聯

馬歇爾在戴維斯的小店中從事幫工。戴維斯告知馬歇爾的父親：「他缺乏商人的智慧，或許你應將他帶回，教導他一些農事，或為他尋求其他生計。」被解僱的馬歇爾不得不離開戴維斯的小店，前往芝加哥。抵達芝加哥後，他的視野得以拓展，內心的鬥志被激發，立志成就偉業。他告誡自己：「他人所能達成的，我只需努力，亦必能實現。」馬歇爾後來的成功驗證了這一信念。實則，馬歇爾並非缺乏商業潛力，而是戴維斯的小店未能激發他內心的潛能。人處於特定階段，融入特定環境後，方能發揮自身潛力，創造價值。

◆ 六十歲的奇蹟：匠人成為圖書館主人

在美國西部之城，有一位獨特的法官。其前半生未曾識字，僅為一名默默無聞之匠人；然在其六十歲之際，竟成為該城最大圖書館之主人。此法官之成就，實乃因其偶然聆聽一場關於教育價值之演講所致。當時演講內容激勵了其遠大志向，喚醒了內心深藏之才華，期望能助他人接受教育，獲取知識，使他人亦能如他一般，暢遊於知識之海洋。

◆ 自省與自我挖掘：擺脫羨慕與嫉妒

唯有努力自省者，方能發掘其獨特之潛能。羨慕之情常致於無知之模仿與無謂之嫉妒，或雖可激勵人心向更高境界攀登，然此種情形實屬少見。前二者常使自信心喪失，進而引發憂鬱之情。無論於職場或生活之中，切勿常將目光投向外界，外界之輝煌雖美，終非己有。欲脫離命運之迷宮，必先尋得自我獨特之珍寶。

◆ 潛能的奇蹟：催眠狀態下的極限突破

一位力量平平之人，在經歷催眠後，竟顯現出無比的力量。數人將其頭腳置於兩椅之上，使其身軀懸空，隨後六七人站於其身上，而他竟絲毫未動，穩如泰山。此乃人身潛能被激發所展現之奇蹟。若此人清醒，必然無法做到，然在催眠狀態下，竟能輕鬆應對。潛能乃人身內永不消逝、不可腐蝕之物；一旦被喚醒，縱使最微薄的生命力，亦能迸發出強大之能量。

◆ 極端環境中的潛能爆發：拿破崙麾下的將領

拿破崙談及其麾下將領馬賽時，曾言：「其真實面貌於日常生活中難以顯露，然當他目睹士兵們死傷無數、屍體如山時，潛藏於內的力量便會全然釋放，他的勇猛殺敵之姿，宛如魔鬼。」人性中潛藏著無形的能量，隱匿於生命的深處，凡俗之刺激難以喚醒其存在，故其真正的力量亦難以顯現。然而，當人們遭受無情的侮辱、嘲弄與欺凌之時，這些潛在的能量便會爆發出巨大的力量，促使人們做出超越自身能力的行為。

◆ 釋放潛能，開創新局

釋放內心潛能，乃為眾多成功者之祕訣。那些自知其潛能者，常能尋得出路。模仿其外表者，難以獲得他人之青睞，尤以那些循守舊之道、無法開創新局者，終將被世所遺棄。欲求成功，必須開發潛藏於體內之才華、勇氣、決心及其他卓越品德。成功屬於勇於拓展自我潛能及無畏前行之創新者，亦屬於勇於探索新事物者。依自身意志與方式行事，激發潛能，方能開創新局，成為新時代之開拓者。

人生無畏，輸贏由心

本文闡述了釋放內在潛能對個人成長與成功的重要性。內心設限乃人生最大障礙，唯有突破自我，方能發掘潛能並成就卓越。潛能的喚醒常源於鼓勵與啟發，無論是友人的激勵、環境的轉變，還是知識的影響，都能引領人實現超越。例如，馬歇爾在環境激勵下成就偉業；匠人在六十歲時因演講啟發創建圖書館，皆展示潛能的力量。文章強調，羨慕與嫉妒會使人迷失，而自省與自我挖掘則能助人發現自身的獨特價值。此外，在極端環境或特定催化下，人類潛能可展現出驚人的突破，推動人成就不凡。成功屬於那些拒絕模仿、勇於突破限制，並以潛能為基石開創新局的人。

要看清自己，而不是看輕自己

了解我們之所以為人者，遠勝於我們曾行之事。

若我們對當前所行之事尚未完全領悟，或無法明確斷定自身之選擇是否契合個人之興趣，且是否合乎合理與正義，則應於此時果斷地放棄之。

◆ 啟迪心靈的契機

「智者若能自知，便無所失。」唯有深刻自省，方能培養自信，讓人生之舟不致漂泊無依；唯有正確認識自我，方能明確人生之志向。若得其志，並為之奮鬥終生，則此生無憾。即便未能成功，亦無怨無悔。

◆ 成就的根基：準確的自我定位

一個人的成就之大小，在某種程度上取決於其自我定位之準確與否。定位乃是對自身期望與要求之明確，一個人能否對自己作出恰當之定位，將決定其成就之高低。有志於攀登高峰者，必不會長久徘徊於谷底；甘願為奴者，則永難成為主人。

◆ 人生目的與態度：創造自己的生活

人生之目的貫穿於整個人生，吾輩於工作之際所持態度，乃使我等與周遭眾生有所區別。日之出與日之落、朝之暉與暮之影，或使我等之思維愈加開闊，或使之愈加狹隘；使我等之行事或愈加崇高，或愈加卑微。那些輕視自身所做之事者，常為被動適應生活之人，彼等不願竭力奮起，努力創造屬於己之生活。

◆ 三位工匠的故事：定位決定未來

三名工匠正在築造一面牆。有人前來詢問：「爾等在從事何事？」首位者不耐煩地答道：「難道未曾見到？築牆而已。」次者抬頭微笑，言曰：「我們在建構一座高樓。」第三者則一邊工作一邊哼唱，笑容燦爛：「我們正在建造一座城市。」

十年之後，首位者於他處工地砌磚；次者則於辦公室繪製藍圖，已成為工程師；第三者，乃前二者之上司。三位同樣起點之人，對於同一問題卻各有不同之解，顯示其人生定位之異。思考最深者，行進亦最遠；無所思者，唯能止步不前。於人生之道，常在乎所用之力，非所處之地。

◆ 發掘天賦：認知自我，邁向成功

每位個體皆有其獨特之長，某些人精於特定事務，另一些人則在他事上表現卓越。若一人能對自身的才能有清晰的認知，則其已然向成功邁出重要一步。即便尚未明瞭自我之才華，倘若持續付諸努力與嘗試，終將能發掘自身的潛能，成為卓越之士。

◆ 淺薄與深入：興趣來自深刻理解

在對工作之特性進行深刻理解之後，方可培養興趣。對於問題的淺薄了解，常使吾人陷入困惑，唯有經過深入探究與理解，方能激發興趣。對某些人而言，數學似乎是一門乏味的學科，僅僅是數字與符號的煩人堆疊。然而，對於真正掌握其精髓者而言，數學乃是一種藝術，為世上最為妙絕且嚴謹之藝術。此乃淺顯了解與深入研究之間之分別。

◆ 確立方針，發掘潛能，結交良友

為人生確立方針，乃是尋覓自身所向，然後全力以赴於此途徑之上。於此過程中，有數項要素須加以思量：

興趣者，乃最佳之師也。若有興趣，爾必自願投入，思慮於工作中所遇之種種難題。

潛能。當你發現所愛之事時，切勿止步於此，應自我施壓，以充分展現自身之潛力。

在確立人生方向之際，必須慎重挑選志趣相投之友，彼等應具備可供你學習之長處，能為你提供援助、提升，並能予以慰藉與交流。

人生無畏，輸贏由心

本文闡述了正確認識自我、尋找人生定位與發掘潛能的重要性，並為如何看清自己而非看輕自己提供了方向指引。文章指出，只有深刻自省，才能找到真正的志向，為之奮鬥終生而無怨無悔。個人的成就取決於準確的自我定位，清晰目標能引領人走向卓越。三位工匠的故事展現了態度與視角對人生的深遠影響，而發掘天賦與深入理解則能讓人突破平庸，邁向成功。文末進一步強調，興趣是最好的導師，潛能需經壓力才能展現，而志趣相投的良友則能提供力量與啟發。唯有認識自我、深入探索，方能創造真正屬於自己的成功與價值。

即便非金而是鐵，亦應散發鐵之光輝

充分洞悉自身之長，並加以精心管理，能促使其他才能亦隨之進步。若一人明確知曉自我所擅之事，必能於該領域中取得非凡之成就。首先需辨識自身之特長類別，繼而透過勤奮使之不斷成長與提升。有人具銳利之判斷，有人懷無畏之氣魄，而有些人之特長則常因盲目使用而難以成事。

◆ 準確定位：發揮所長，避己之短

經營己之所長，則人生之價值得以增益；若專注於己之所短，則人生之價值必然貶損。某些珍寶若置於錯誤之地，則成為無用之物。人生之道在於準確定位，唯有精確定位，方能發揮所長。若未曾為己準確定位，則應迅速坐下，全面考量自身，根據特質尋覓真正契合之所。唯有坐於適合之位，方能得心應手，於人生之舞臺上游刃有餘。

◆ 興趣為導向：職業選擇的起點

在日常生活之中，若你能察覺到自身的才能，便可將其作為職業選擇之依據與起點。例如，若你意識到自己在木工技藝上頗為嫻熟，則應當選擇成為木匠；倘若你對醫學領域抱有濃厚興趣，便應投身於醫者之道。諸多例項告訴我們，若一人能夠遵循自身的興趣去從事某項職業，其成功的可能性將大幅提升。

◆ 熱愛與成功：不擅之事難以為繼

雖然擁有自身的事業並非易事，然而欲於不擅之領域中有所成就，則更為艱難。整日從事不喜歡工作的個體，無法體會工作的樂趣。

◆ 列維．P．莫頓的轉型啟示：發揮他人所需的才能

在 1888 年，列維．P．莫頓先生，原本是一位布商，卻轉而投身於銀行業，最終成為美國副總統的候選人。當有人詢問他此舉的緣由時，他提及了一句愛默生的名言：「若一人具備他人所需的才能，無論身在何處，必不會被忽視。」

◆ 職業之差異：適合你的才是最好的

各種職業對於從業者的要求各異，有的職業需具備勇氣，有的則需細心觀察。最為簡單的工作，乃是只需勤勉踏實，而最為艱難的工作則需大量運用智慧。良好的職業是那些不使人感到厭倦，具備重要性，且多變且能持續自我革新的；受人尊敬的職業則是那些依賴性最少或最多的工作；最不理想的工作則為那些使人無法完成當前任務，未來亦無法結束，甚至愈做愈艱辛的。唯有那些能夠發揮你的才華，並讓你獲得讚譽的工作，方是最為適合的。

◆ 多一盎司定律：超越平凡，成就卓越

於事業中，若以實踐與才能為己之助力，方能使己脫穎而出，成為行業之翹楚，成為眾人所仰望之領袖。工作中的「多一盎司定律」能夠充分彰顯個體之卓越與平凡。若你日復一日勤勉不懈，僅為合格之職員，雖然亦有不少成就，然則未必卓越，

亦無法顯示才華之超群。然若你主動展現自我，並保持優雅風度，則人生必將迎來質的變化。

◆ 發掘自身優勢，從多角度觀察優勢，打造不可或缺的價值

避開自身之長而致力於短處，難以獲得成功。成功者之共性在於，因其專長而在特定領域內成為不可或缺之人。每個人皆有其優勢：

1. 從生理角度觀察優勢。例如，若一個人的右耳較長，則其在數學、物理等精密科學領域可能會有顯著成就。

2. 從興趣之觀察優勢。人之所好，常為其優勢之明顯所在。

3. 以行為觀優勢。此乃表現於對某些知識能迅速理解，易於入門，學習之積極性與主動性強烈，且熱情持久不衰。

4. 以性格觀察優勢。各類型性格之人，各具其長，譬如情感豐富者，則更宜於從事藝術相關之職業。

每一個人皆有機會踏上成功之途，其關鍵在於能否辨識自身的長處。

人生無畏，輸贏由心

本文闡述了成功的關鍵在於發掘並發揮自身優勢，避免執著於改善短處。每個人都有其獨特的長處，若能充分運用，便能在特定領域內成為不可或缺之人。發掘優勢需

從多角度觀察，包括生理特徵、興趣、行為表現與性格特質。例如，對數學感興趣者適合精密科學，情感豐富者適宜藝術相關職業。興趣是職業選擇的起點，選擇適合自己的工作能帶來更高的成就與滿足。文章強調「多一盎司定律」，即在勤勉之上額外展現才華，方能突破平凡，實現卓越。此外，列維・P・莫頓的故事啟示我們，成功在於發揮他人所需的才能，找到契合自己的定位。只有準確認識自身優勢，並全力投入其中，方能開創屬於自己的卓越人生。

第二章

在迷惘中行走，跌跌撞撞並非可怕，真正可怕者乃是內心缺乏方向

漫無目的的徘徊比停滯更可怕

方向若失，無論如何奮鬥皆為徒勞。為了生存與成功，吾等必須在混沌中創立秩序，尋求正常之節奏，確立正確之努力方向。若無方向，則唯有停滯或徒勞，永難抵達目的地。

◆ 選擇的力量：得失之間的抉擇

付出之後，未必必然獲得回報，關鍵在於我等所作之選擇。所選之物，便是我等所獲之物；若欲選擇一切，則最終一無所獲。

◆ 方向決定命運：漫無目標的危機

「無目的的遊蕩，實在是最令人痛苦之事。」此乃荷馬之〈奧德賽〉中所言。方向者，乃至關重要之事，人生豈非亦然？然則，在現實之中，眾多人皆在做著無所指向之事，過著漫無目的之生，此等無方向之生，必然注定走向失敗。

◆ 明確目標：如磁針般堅定指向

未曾受磁之針，四處游移，然當其接近磁鐵，便得特有之能，堅定指向北方。自此，始終如一，指向北方。類此，個人必須明確其人生之航向及職業之目標，方能專注於某一方向。

◈ 選擇與堅持：正確之道重於努力

若長久致力於某一事業，而無絲毫希望可見，則堅持不再為善策，反應需暫停當前之業務，思量所選之路是否與自身相符，尋求自身興趣與能力之交會之處，審視所行之方向是否正確。於不合適之職位上虛度光陰，未必為明智之舉，選擇之正確性，重於堅持。

◈ 放棄的智慧：專注於真正重要的事

許多人終其一生都在追求那些與自身不相符的職業，雖然每日勤奮工作、忙碌不已，卻難以有所成就，因為那份工作本身未能充分展現其才能，因而只能過著平凡的生活。人生短暫，有限的精力使人無法顧及所有事物，而世間又有如此多耀眼的精彩。在此時，放棄便成為一種卓越的智慧。實際上，放棄是為了獲得，只要能獲得所渴望的，捨棄那些對你而言並非必需的事物，便是一種明智的選擇。

◈ 改變的勇氣：告別荒蕪，開拓新境

在那些因從事不熟悉之事而未能達成更高成就者中，常見勤勉且具備成功潛力者。然而，因缺乏放棄長久耕耘卻仍然荒蕪之地的勇氣，亦無力開拓新境，他們日復一日將貴重時光浪費於無法發揮其優勢之職務。儘管心知所從事之業不合己道，然仍不思改變。

◆ 興趣與成功：拒絕平庸，追求熱愛

我寧願於製鞋之行業達至拿破崙之地位，也寧願於清潔之職業獲得亞歷山大之榮光，無論如何不應選擇從事全無興趣之工作，否則一生將陷於平庸。以商店之售貨員為例，若其對此職務毫無喜愛，於接待顧客時則缺乏熱忱，此等冷漠之態度必將使顧客心生不快，故而難以成就佳績。

◆ 契合之道：選擇適合自己的職業

於生活中，常有眾人發出「我亦勤勉，而無法達至最佳」的感慨，然有人會責難如此言者，認為其工作態度存有問題；若真心努力，何以不能成就？然則，實際情況並非因其不夠敬業，而是其職業本身與其不相適合。換言之，欲使工作得心應手，必須選擇真正契合自身之職業。若發覺原本所選之路錯誤，當毫不猶豫地捨之，尋找屬於己之正道。

◆ 迅速調整：勇於承認錯誤，重啟新路

直奔標竿，方能迅速抵達終點。若你察覺所行之途並不合適，須速速調整方向，無需憂慮時機已晚。若常懷此慮，反而失去良機。若果真發覺走錯方向，宜先靜思，然後努力尋求新機遇，在他處重啟，立志有所成就。找到前行之道時，世界自會為你讓路。那些明知誤入歧途，前顧後懼者，終究只能空嘆無益，虛度光陰。

◆ 方向比努力更重要：辨識正道之智慧

人生之道，非每一時刻皆需堅韌之毅力，然毅力與堅持唯有在正道之上方能顯其價值。若處於必敗之境，毅力與堅持唯增其困惑，反而致使敗績愈加慘痛。大多數情形下，需具備辨識方向之智慧，常常我等已然盡心竭力，然成果依舊不彰，此乃因方向之誤也。自我所不擅長之事，欲求成就，必然艱難故，故行事之前，必需明辨方向。

人生無畏，輸贏由心

本文闡述了目標與方向在人生與成功中的重要性，並強調選擇、調整與專注的智慧。漫無目的的努力猶如徘徊於迷霧中，唯有明確方向才能走向成功。選擇正確之道重於盲目堅持，學會適時放棄不適合的事物，才能聚焦於真正重要且契合自身的領域。興趣是職業選擇的基石，熱愛工作方能拒絕平庸，實現卓越。若發現誤入歧途，應勇於承認錯誤並迅速調整方向，重啟新路。毅力與堅持唯有在正確的道路上方能產生價值，否則徒增困惑與挫敗。人生的關鍵在於辨識方向，將有限的精力用於最適合自己的道路上，方能成就理想與未來。

你的能量超乎你的想像

希望者，乃生命之根本所在，乃啟用生命潛能之引子，亦乃激勵生命熱情之催化劑。充滿希望之人，每日皆生機盎然，熱情奔放，縱然遭遇困厄，亦不輟嘆息與哀傷，亦不會將生命消耗於怨言之中。

◆ 成功之志：激發潛能的起點

成功之志能激發人之潛能。心之廣闊，舞臺亦隨之擴展，人人皆具潛力。當以必勝之信心迎接挑戰時，方能發掘出連自我亦未曾想到之潛能。若無成功之願，潛能則易被埋沒，即便機遇眾多，亦難以把握。

◆ 心理暗示：正向心態塑造命運

對於自我應該常常告訴自己「我能做到」。心理暗示可分為正面與負面，成功的心態與正向的思維之根本在於自信與主動的意識，或可謂之為正面的自我覺察。自信的意識源於經常進行正面的心理暗示。相對而言，消極的心態與自卑的意識則源於反覆的負面暗示，而不同的心理暗示乃是形成不同意識及心態的根本原因。心態乃決定命運的關鍵，這一事實正是基於心理暗示對行為的影響。若常給予自己正向的心理暗示，則會發現事情變得不再困難。

◆ 理想與意志：堅守信念的力量

美好的明天非徒然而至，必需我們擁有真實的力量、堅定的意志、穩定的情感與持久的信心，然此一切皆需圍繞著「真正的理想」。無論面對何等困難，皆須堅守理想，恆心不懈。

◆ 欲望的動力：成功的根本驅動

若一人欲求成功，其根本在於其內心之渴望。欲望之力，有時可謂無價。成功者皆具備相似之特質，皆懷有強烈之成功欲望。若夢想乃通往成功之途徑，則欲望便是推進成功之動力。欲望愈強，所生之動能愈大，愈能克服艱難，獲得成功。

◆ 希望的力量：未來由內心點亮

未來之事，或遠或近，或有或無，或明亮或幽暗，皆在於我們內心是否充滿希望。若一人自認無能，則其終將無能；若其信有能力，並付諸行動，則必能成功。試思，若一人終日沉浸於悲觀之情，豈能開創其未來乎？消極之情無法賦予其前行之力，唯有繼續沉淪。唯有懷有成功之志，方能寄望於成功。

◆ 必然追求：強烈渴望造就成功

成功之道，源於所欲之深切，或其必然之追求。若止於渴望，恐無所得；然若確有其必要，必有途徑可得之。故當不斷增強成功之渴望，使己如箭矢，緊繃於弦之上，勢如破竹，勇往直前。

◆ 夢想為帆：突破環境的限制

擁有成功之夢乃是至高無上的財富，無論當下身處富貴或貧困，此夢皆可成為你乘風破浪之帆。即便缺乏華美之筆記本，我們仍能於簡單之紙張上書寫數學之解；即使沒有昂貴之油彩，我們亦可用鉛筆勾勒美麗之素描。勿因客觀環境之不如意而使夢想停滯，無人天生陷於困境，掌握自身，運用感知與力量，那些看似遙不可及之夢想，終將化為現實。

◆ 渴望與努力：成功的雙重推力

唯有渴求成功，方能迎接成功之機。若無成功之念者，終將無緣成功之寵。倘若努力乃成功之必要條件，則強烈之成功渴望即為努力之動力泉源。無人願意在困苦中度日，欲改此境況，必先變更內心之思。唯有在心中滋生成功之願望，並使其時刻激勵自己，方能在通往成功之途上不斷邁進。

◆ 改變思想：告別消極，擁抱未來

對於那些對自身未來抱有消極態度者，成功的可能性可謂微乎其微。他們常常對命運的不公發聲不滿，認為幸運降臨於他人，厄運卻降臨於己，成功屬於他人，而失敗則是自己的宿命。其所注重的唯有厄運與失敗，故成功又怎能眷顧於他？一個人若期待自己成為某種形象，則未來必然會如是，無人能夠超越其內心之思想，亦無人能夠成為與自身意念相悖之人，除非他改變其思想。

◆ 希望之火：避免過度滿足的危險

常存願望於心，方能避免對生活之不滿。正如身軀需以呼吸維生，精神亦需追求以充實。若一切已盡，則萬物皆成空，最終導致不滿之生。即使智者，亦須留有新奇之事，俾待日後探求，以滿其求知之欲。希望乃是生命之源，過度之滿足則使人失去希望之火焰。助人時，切勿使其完全滿足，否則將喪失追求之心。

◆ 藍圖與方向：明確努力的目標

於日常生活中，當我們關注所渴望的社會地位與理想職業時，應深入內心思索，繪製出努力的藍圖，明確朝向何方及以何種方式奮鬥。

人生無畏，輸贏由心

本文闡述了希望、渴望與努力在人生成就中的關鍵作用，並提供了激發潛能與實現夢想的具體方向。希望是生命的根本，激發人們的熱情與潛能，讓個體縱使面對困難也能勇往直前。成功始於對未來的渴望，堅定的信念與意志能為人提供無窮動力，讓不可能化為可能。文章強調，心理暗示與正向思想是命運的塑造者，消極態度則阻礙成功的到來。夢想不應受環境限制，唯有以希望為帆，改變思想，告別消極，方能突破困境，實現超越。成功的關鍵在於強烈的渴望與持續的努力，並透過明確的目標與藍圖，將希望轉化為行動，最終創造出理想的未來。

宏大的志向促使人們成就偉業，而微小的目標則使人們得以安然度日

心中所望者，終能成就，吾等皆可依自身之渴求而塑造人生。若你常感生活之悲慘，渴望營造一方人間樂土，便每日自言「我已接近樂園」，不久之後，你便會真切感受到幸福之境。生活常與內心之變幻相隨，內心之期許經努力而化為手中之實。既然如此，理應將萬事朝善處思量。

◆ 目標的力量：成功的起點

凡偉大成就之始，皆源於設立清晰之目的。眾多失敗者之所以未能達成理想，乃因缺乏明確之目標，因而未曾邁出第一步。目標之重要，不僅能激發我等之積極性，亦能指引我等之人生。若無正確之目標而奮發者，必然不知所需為何，常常迷

茫四顧，終將錯失通往成功之途徑。

◆ 方向與目的：人生突破的第一步

欲攀人生之巔，必須付諸實行。首要之務在於確立自身之方向與目的地。若欲於生活中有所突破，抵達新境界，則首須設定明確之目的地，方能使人生之旅具備方向。

◆ 遠見的價值：行動的指南

遠見並非使我們獲得某物，而是指引我們付諸行動。懷有目標，便可從一次成功邁向另一個成功，將每次成功視作跳板，並在每次中更高、更遠地躍進。

◆ 偉大理想的激勵：目標讓人生充滿活力

偉大的理想促使人追求事業，而小的目標則使人安然度日。古希臘的哲學家亞里斯多德曾劃分人群，區分為「食以為生」的人與「生以為食」的人。擁有明確目標者，生活必將充實而富有活力，絕不會因閒暇而感到乏味。目標使人不沉迷於現狀，激勵人不斷向前，並引導人持續發掘自身潛能，去獲取成功的桂冠。懷有目標者，會感受到一股巨大的、無形的力量，使其與所追求的事業和諧統一。

◆ 深度思考：精確規劃每一步

思考的深度決定了行動的廣度，缺乏思考者則停滯不前。欲求財富者，須明確其最終目標，並如同解算術題般，精確規劃每一步之路。致富之道，亦可如一加一等於二般明晰可見。

◆ 分解計劃：細分長期目標以保持熱情

勿因二十年之長遠計畫而心生畏懼，宜將其詳盡書寫，修訂乃常態。擬定計劃乃愉悅之事，而非沉重之責。若爾之計劃如同上升之數列，必能迅速引起爾之興趣。然若短期計劃超越三月，爾必對之失去熱情，宜將其細分為單項，逐一於三月內完成。唯有明瞭所需，方能達成目標。

人生無畏，輸贏由心

本文探討了目標對於人生成功與突破的重要性，並提供了實現目標的實用策略。宏大的志向能促使人追求偉業，而明確的小目標則讓人安然度日，保持生活的充實與動力。目標是成功的起點，為人生提供方向與指引，幫助個體從迷茫中找到突破口。懷有遠見能讓人從一次成功邁向另一個成功，而深度思考與精確規劃則是實現目標的關鍵。文章還強調了將長遠目標細分為短期計劃的重要性，以避免對長期計劃的畏懼，並保持持續的熱情與行動力。

目標不僅為生活注入活力，更能引導個體發掘潛能，實現理想的生活與事業。

起點不會決定人生的終點

起始之處或可影響終局，然最終之結局乃由我等自身所決。人無法選擇其出生之地，亦無力改變周遭環境，然則其心智與性情卻可自我調整。當遭遇挫折，吾可選擇屈從，放棄奮鬥，甘心於平庸之生；亦可堅持不懈，繼續前行，最終獲得充實而卓越之人生。唯有自我改變，方能真正掌控命運，掌握人生之道。

◆ 獨立精神：超越家庭依賴的必然性

即便一人的家境如同天際之高，他仍需自我降臨於世俗之中，自始而終，憑藉自身之力鍛造獨立自主之能。無論如何，終究他將孤身步入社會，參與競爭，而所遭遇之生存環境，必然較家庭生活複雜得多，隨時可能面對未曾預見之難題與境遇。彼無法常依賴家中所賜之生存支持，須憑堅韌不拔之獨立精神，克服重重困難，持之以恆。

◆ 發掘自我寶藏：相信自身的潛能

無論一個人的生命源於貧瘠之地或富饒之鄉，我們的存在中皆隱藏著獨特的才華，猶如金礦般埋藏於平凡的生活之內。那些總是仰望他人而忽視自身者，永難發掘自身的寶藏。因此，若能堅信自身必能成功，則成功自會隨之而來。

◆ 堅持目標：宇宙為堅毅者讓路

人生充滿了波折，每一條分岔之路皆象徵著不同的命運。無論境遇如何，吾人必須堅定不移地朝著既定之目標前行。須銘記自身之志向或使命，堅信日常行為未與目標相悖，日復一日地朝此目標奮鬥，毫不懈怠，則整個宇宙將為你開道。

◆ 命運選擇權：接受現實，創造未來

吾等無法選擇自身之出生地，然可選擇所行之途。人生之起點無法決定命運，命運之最終選擇權在我等手中。倘若終日沉溺於對現狀之不滿，而不知奮鬥，所獲之結果亦將使自身失望。既然某些現實注定無法改變，則應坦然接受之，然後在其基礎上奮力向前。

人生無畏，輸贏由心

本文闡述了人生的起點並不能決定最終的結局，而命運的掌握權始終在於自身。起點或可影響方向，但真正的成就取決於個體的選擇與努力。文章強調，無論出身如何，唯有憑藉獨立精神與堅毅意志，方能超越環境限制，

開創卓越人生。每個人內心都隱藏著金礦般的潛能，關鍵在於自信與自我發掘。此外，堅守目標是成就命運的基石，唯有日復一日的堅定行動，方能讓宇宙為你讓路。文章還提醒讀者，應接受不可改變的現實，並以奮鬥改變未來。起點並非決定性因素，唯有堅信自我、努力不懈，才能最終掌控人生的終點。

貧困本身並不具威脅，真正的威脅在於心中常懷貧窮之念，恐懼終生困頓

貧困乃窮者之最貴之資本，因其潛能猶如牙膏，唯有承受壓力方能迸發。因此，於人生遭遇重大困境與重壓之時，我們不應屈服於重擔，而應積極自勉，然則成功之機會自會增大。

◆ 困境中的潛能：偉大成就的基石

「眾多美國傑出人物皆誕生於簡陋的草屋之中。」如格蘭特、格里利、洛克斐勒、愛迪生、比徹、威斯汀豪斯等，皆自貧困鄉村而來，然則於艱難環境中奠定了智慧、體力與品格之根基，最終成就輝煌。因此，即使身處困境，亦不可對未來的生活與前景失去信心，社會上有無盡偉業，靜待我們去開創。如今我

們唯需努力修練心智與體力，累積內在之資本，若有機會步入新境，便可一展所長。

◆ 艱困中的奮鬥：富裕難以孕育偉大

一位青年追隨一位著名的藝術家，勤奮學習畫藝。有人向這位藝術家詢問：「你的弟子是否有朝一日能達到你的偉大？」藝術家斷然回答：「絕無可能，因為他每年仍有 600 英鎊的收入。」此藝術家深知，人的才能皆源於艱困環境中的奮鬥，富裕安逸的境地難以孕育出有作為之人。貧困乃激勵之源，促使人們為擺脫困境而更加奮發向上。若人人自出生便無需為生存而奮鬥，則人類文明亦將無法存在。

◆ 貧困之力：卡內基對奮鬥的洞見

「鋼鐵之王」卡內基曾言：「毋須以為富貴之子命運優越，實則他們多為紈褲子弟，最終淪為財富之奴，無法抗拒任何誘惑，故而墮落。須知，習慣享樂之子，絕非出自貧寒之子之敵。某些生活困窘之子，雖無進學之機，卻能成就偉業。另有從普通學校畢業者，初入商界，亦從事平凡之職，然後終可獲得巨大的榮譽與財富。」貧窮有時並非悲哀，為了擺脫貧困，人們必將更加努力奮鬥，此乃脫貧之唯一途徑，亦是造就英才之坦途。

◆ 心懷希望：戰勝貧困的關鍵

貧困並非可怕之事，真正可怕乃是人心常懷貧窮之念。猶如一人被重重困境所圍，若他唯思無法脫離此境，則其必將永陷淪喪。若一人自覺具備能力，並付諸實行，則必能獲得成功。未來之光明或黑暗，實乃取決於我心是否對未來懷抱希望，若一人終日沉浸於悲觀之情，則無法創造屬於自己的未來。

◆ 經濟與夢想：貧寒無阻夢想盛放

雖然實現夢想需依賴一定的經濟條件，然則貧困並不排除成功的可能性。歷史上常見音樂天才出自於根本無法購買鋼琴的貧寒之家；書法大師的起源或許是用小樹枝進行描繪……因此，來自貧民窟的孩童，亦能使其夢想之花盛放。

◆ 逆境中的磨礪：智慧與精神的成長

智慧之潛能，乃於逆境中磨礪而成；偉大之精神，亦在與困厄抗爭之際孕育而生。未曾歷經艱辛者，難以鍛造真才實學。若一青年生於優渥之境，自幼受寵溺，常依賴父母而不需工作，是以其潛能難以激發，成就亦難以實現。然若出身貧賤者，常為脫離貧困而奮發圖強，其內在之潛力自會漸次顯現。

◆ 突破貧困：決定命運的關鍵在自身

出身於貧困並非可怖之事，唯其不怨天尤人、不屈服於逆境，勤奮自勵，方能得成就。生命之貧富，某種程度上由己決定；若身處困境而不為之所累，志存高遠，奮勇向前，亦可享富裕之生；若自甘墮落，縱使生於富庶之家，亦有可能後陷貧苦。能否突破貧困之障礙，關鍵在於自身之努力。

人生無畏，輸贏由心

本文強調了貧困並非人生的絕對障礙，真正的威脅在於內心對貧窮的恐懼與屈服。歷史中許多偉人如洛克斐勒、愛迪生、卡內基等，皆在艱困環境中磨礪出智慧、體力與品格，最終創造了卓越成就。貧困能激發人們的潛能，促使個體更加奮發向上，而過度的安逸則往往削弱人的意志與進取心。面對貧困，關鍵在於堅守希望，拒絕悲觀，並以堅定的行動追求夢想。文章指出，即便出身貧寒，智慧與精神亦可在逆境中成長，唯有突破內心的限制與怨懟，勤奮自勵，方能掌控命運。貧困不是命運的決定因素，個人的努力與希望才是改變人生的關鍵。

寧願在行動中綻放，亦不應在等待中枯萎

「無物能阻我之志，天際乃我之界限。」毋使安逸之生活吞噬進取之心，須常自警醒，生活仍在延續，當不斷向前行，非應原地踏步，數著己之足跡而生。欲速成長，當不斷求知，奮力打拚。

◆ 不屈的心志：改變命運的關鍵

我或許身處貧困，但卑賤之態不可取；我或許身材矮小，但心志卑微絕不可容。自古至今，那些獲得顯著成就者，皆為頑強打拚、勇敢追求之人。他們體內蘊藏著不屈的力量與不可摧毀的意志，執著於理想與追求。而有些人面對挫折，常常沉溺於悲觀與失望，或是怨天尤人，從未思考如何改變自身命運，轉變人生軌跡。

當雙眼得以睜開，你將發現四處皆是機會；當心靈得以開放，你之才華與能力將無處不在，得以施展。

◆ 不滿現狀：進取心是成功的驅動力

在生活的舞臺上，某些具備卓越潛力之人，懷抱希望而啟程，卻在途中止步，對現有的溫飽與生存狀態感到滿足，最終庸碌無為地度過餘生。對於一位安於現狀者而言，他無任何更佳的思考或更美的理想，未曾意識到不滿足正是造就生活中菁英

的根本。不滿足於現狀，乃是強烈的進取心，巨大的驅動力，勇於思考與行動。唯有勇敢追求他人所不敢追求的夢想，機會方能向我們敞開雙手。

◆ 理想召喚：進取心引領無止境的成長

進取之思維不容我們懈怠，常常驅使我們為更美好的明天而努力。人之成長無止境，故而我們的進取心與願望亦難以滿足。儘管如今所達到的境界足以令人豔羨，然今日之所與昨日之所皆不能使我們盡善盡美，愈高之理想與目標無時無刻不在召喚著我們。

◆ 進取之種：以勤奮灌溉，綻放光彩

進取之心乃一頑強之種，若以汗水滋養、以勤奮培植，必能綻放華彩。無進取心之靈魂，如同汙濁之泥潭，雜草與毒蟲肆意滋生，終將使人失去身上所有光輝之物。

◆ 天才與勤奮：成就偉業的真正力量

天才乃由百分之二的靈感與百分九十八的努力所成就。常見之天才，出自於那些具非凡精力與工作之能者。人之天賦猶如星火，或可熄滅，或可燃燒，而使之燃燒者，唯有一法，即勤奮。亞歷山大·漢彌爾頓曾言：「時人所感之成功，或因天賦，然實際上，成就成功者非天分而是勤勉。」

◆ 壓力的正面力量：釋放潛能的契機

壓力所引發的感受不僅是苦痛與沉重，亦能喚醒我們的進取之心與內在熱情，促使潛能得以釋放。正是這種激勵的競爭機制，造就了迅速崛起的企業與源源不斷的人才。

◆ 掌控未來：成就取決於自己的努力

君主或上司或許能掌控你的薪資，然則他無法封閉你的雙眼、阻止你的耳朵，無法阻止你進行思考與學習。換言之，他無法阻止你為未來的努力，亦無法剝奪你因此所獲得的回報。眾多員工常為自身的懶惰與無知尋找藉口。有者言上司對他們的才幹與成就視而不見，有者則言上司小氣，無論付出多少亦無法獲得相應的報酬……若一人總是為自己的薪資而煩惱不已，則又如何能洞察薪資背後的成長機會呢？

◆ 微小行動的力量：成就與失敗的分界

成就與失敗之間的區別，僅在於一些微小的行動：每日花費十分鐘閱讀、多撥一通電話、多付出一點努力、多一個微笑、演出時多用心一點、多進行一些研究，或在實驗室中再試驗一次。成就與失敗之間的距離，並非如大多數人所想像的那樣是一道巨大的鴻溝，每日多做一些力所能及之事，隨時保持進取之心，機會之神自會眷顧於你。

人生無畏，輸贏由心

本文闡述了進取心與行動力在改變命運與實現成功中的重要性，並強調勤奮與微小行動的力量。唯有不屈的心志與強烈的進取心，方能突破現狀，迎接更高的理想與目標。進取心如種子，需以勤奮灌溉，方能綻放光彩；壓力則是釋放潛能的契機，促使人走向卓越。文章指出，成功並非天賦使然，而是源於勤勉與持續的努力。掌控未來取決於自我，而非外界環境，任何微小的行動，如每日學習或多付出一點努力，都能拉近成就與失敗的距離。總之，人生唯有在行動中綻放，拒絕等待與懈怠，才能最終實現自我突破，成就偉業。

第三章

告別恐懼，
無懼萬人阻擋，唯恐自身屈服

莫以他人之見為重，當以己之所思為重

缺乏堅定之人，宛如停滯之舟，無法在生命之流中暢遊，因其常陷於某一漩渦，任由潮水擺布。他們自未曾思考自主航行，亦未曾設想掙脫漩渦，以遵循自身既定之道。他們易被現實種種誘惑所動，受公眾之壓力與輿論之操控，行駛於他人之航道。其無力言「是」，更無勇氣言「不」。

◆ 批評與自信：堅守己見，無畏前行

莫札特之歌劇《費加洛的婚禮》初次演出後，拿波里的國王費迪南德四世直言不諱，稱：「莫札特，你的作品實在過於喧鬧，音符使用得過多。」然而，莫札特對此並未動搖。每位人士，無論是平民百姓或是英雄豪傑，皆有遭受非議之時。實際上，越是成就卓越者，所遭受之批評亦愈加頻繁。唯有那些毫無作為之人，方能免於他人之指摘。確認自身所行之是，則應無畏向前。真正之自信乃在於堅守己見，無論他人之言如何。

◆ 做自己：為內心的歡悅而活

瑪麗亞每日於屋前空地練習歌唱。一鄰居聞之，嗤之以鼻，曰：「即便聲喉盡毀，亦無人為你喝采，因你之音實在難聽。」瑪麗亞回應：「爾之言他人亦曾多次告我，然我毫不在意，我乃為己而生。我唯知歌唱時心中歡悅。」

吾等無需依賴他人之肯定而生，當快樂地為己而活，恣意自娛，縱然他人視吾為癲狂之者，仍應做一快樂之病者。

◆ 立場與原則：切勿成為搖擺的牆頭草

凡事皆難以得出統一的結論，眾人的見解皆可借鑑，然則不可替代己之見解，切勿讓他人的評判桎梏了自我之程式。遭遇事務而無主見者，猶如搖擺不定的牆頭草，缺乏自身之原則與立場，不知所能所為，必然與成功無緣。

◆ 外界灌輸的影響：學會保護內心的堅韌

許多人在生活中受到外界意見之影響，或許事情的真相與此不同，但隨著言者眾多，便使人信以為真。某位少女便是這不幸者中的一員。自幼，她便聽聞他人言說，她的母親罹患癆病，且此病已然遺傳於她，故而需對自身健康特別謹慎。自此，少女心中始終認為自己是一名病者。外界灌輸的觀念使她喪失了內心的堅韌，或許她本可快樂健康地成長，如今卻失去了抵抗的力量。

◆ 從眾心理的危害：堅持立場才能接近真理

在對外在事物進行判斷時，人類常受從眾心理之影響。縱然初始時擁有自身之見，然當周遭持相反觀點者日益增多，甚至形成壓倒性優勢，則其內心便會對自身選擇產生懷疑，心靈的防線隨之崩潰，於是轉而改變立場。唯有打破盲目的追隨，堅持自身立場，真理方能偏愛於你。

◆ 重視自我價值：勿以他人標準改變己身

毋需顧慮他人對我等應行之事之見，而應重視我等自所認為之應行之道。每一人皆渴望感知自我之價值，此乃生命之核心，然以他人之標準來改變己身，實為錯誤之舉，無助於實現我等之自我價值。

人生無畏，輸贏由心

本文探討了堅持自我、抵禦外界影響的重要性，強調在生活中應以己之所思為重，而非被他人之見牽引。缺乏堅定立場者，如漂流的舟，無法掌控命運，唯有堅守原則，方能成就自我。從莫札特到瑪麗亞的例子表明，真正的自信來自對自我選擇的篤定，無懼他人批評。文章提醒我們，從眾心理與外界灌輸易使人迷失方向，只有堅持自身立場才能接近真理。以他人標準改變自我，則會錯失自我價值的實現。生命的核心在於認清自我，捍衛內心的堅韌，拒絕盲從，為內心的歡愉而活。

再宏大的理想，亦難敵愚者般的固執

具備卓越意志者，能使自身超越猶豫與不安，切斷變幻無常。此等人物能拒絕安逸與乏味，坦然面對反對與指責，能深刻體悟內心之行動力量，堅信自身之能，從未有絲毫懷疑。

◆ 金礦傳奇：成功只差一點點的距離

德拉蒙德教授在某次展覽中目睹了一座著名金礦的玻璃模型，而此金礦背後亦有其傳奇。傳言該金礦的前任主人曾掘近一英里而未見金子，遂認為此地無金可尋，因而不願再耗費心力，將金礦轉售予他人。自此，金礦易主。新主僅在前任所掘隧道的延續上，又向前挖掘不足一公尺，金子便赫然顯現。

美好的未來或許僅在咫尺之間，關鍵在於我們是否能夠持之以恆。

◆ 堅持的力量：成功在於最後一擊

成功與失敗之間，有時僅僅隔著一公尺的微薄距離。此理猶如樵夫伐木，縱使斧擊已達千次，然使大樹傾倒的往往是那最後一擊，關鍵在於他是否能持之以恆，直到最後一斧。無論所從事的行業或所做之事，若一旦放棄，則無成功之機會；唯有堅持不懈，方能永保成功之希望。

◆ 持久心的價值：贏得信任與援助

一個具持久心之人，於面對阻礙時，絕不會感到沮喪，唯有專注於其目標，勇敢前行。那些在事務上猶豫不決者，往往難以達成成功之巔。持久心者能贏得他人之信任，亦易於獲得他人之援助。反之，若行事三心二意，常常半途而廢者，於他人眼中則顯得不可靠，無人會信任其言行，亦不會輕易伸出援手。

◆ 堅守計劃：持之以恆的成就之道

假使一位建築師已繪製圖紙，若其嚴格遵循，循序漸進，理想中的建築便會迅速成形；然若此建築師在施工之際頻頻更改設計，則此大樓的竣工必將遙遙無期。堅持不懈者，猶如擊打岩石的雨滴，或蠶食猛虎的螞蟻，唯有持之以恆，方能成就一切。

◆ 堅韌品格：成功的核心精神力量

在崇高的精神與堅定的品格面前，權力與財富皆顯得微不足道。成功之士有一共同特質，即皆具堅韌的品格。此等人行事絕不輕言放棄，縱然面臨巨大困難，亦會竭盡所能克服障礙。無論在事業或生活中，遭遇苦難時從不退縮，而是以勇氣面對之，且持之以恆。再艱辛的工作亦難使其退卻，因堅持已然成為其生命中不可或缺之精神力量。

人生無畏，輸贏由心

本文探討了堅持與堅韌品格在人生中的重要性，並指出成功的核心在於持之以恆的力量。金礦故事揭示了放棄和成功之間可能只差一步之遙，堅持才能突破困境，迎來光明未來。持久心不僅能幫助個人專注於目標，還能贏得他人的信任與支持，而半途而廢者難以成就偉業。堅守計劃與堅韌品格是人生成功的基石，縱使面對挫折與挑戰，也不輕言放棄。成功者以勇氣克服困難，將堅持與不屈融入生命中，成為不可或缺的精神力量，從而創造輝煌成就。

雨天沒帶傘，更要奮力奔跑

一棵樹欲結實，必需先在土壤中扎根。人之所需者，亦需首先學會自立自尊，拒絕他人施捨，勿待命運之餽贈，方能有所成就。若將希望寄託於他人之援助，便會滋生惰性，失去獨立思考與行動之能；倘若仰賴某種強大外力，意志力將無情被吞噬。與其依賴他人，寧可自立自強。他人之助，如同雨傘，雨天若無傘，非但不可停留，反應應奮力向前奔跑。

◆ 自力更生：幸福掌握於己

「世上無救世主，人類之福祉，唯賴自身之努力。」自我乃最為可信，幸福掌握於己，創造之道在於自力更生。內因為根本，面對工作中的難題，雖可接納外界之援助，然根本仍在於自我。唯有依靠自身，方能自強自立，得以長足進步。

◆ 自主與創新：擺脫羈絆，掌控人生

生命應當自我主宰。若人永遠被他人或物所羈絆，則無法品味創造之果的甘美。人的發現與創新，需依賴一種安然、平靜、自由的心境。自主乃創新之催化劑。人生之悲哀，莫過於他人代為選擇，使人淪為他人操控之機器，從而喪失自我。

◆ 理想之途：信任己身，不為他人所惑

「理想之實現」，言簡意賅，然其途漫漫，斯過程需更為信任己身。除己外，任何他人或事物皆非最為可靠。欲取悅他者者，常易受惑，陷入難以掌控之境。故，毋庸取悅他人，勿因之迷失自我之人生志向。唯有明瞭己所欲，方能獲致成就。

◆ 自立與合作：借鑑他人而不盲從

提倡自立之精神，並不意味著否認於生活與工作中合作之重要性；相對而言，我們應當竭力發揮集體之力量。唯有更為有效地吸取他人之經驗，我們方能於未來的人生旅程中獲得更佳之成

就。需當留意，借鑑他人之經驗並非盲目隨從，亦非隨波逐流。

◆ 培養獨立與自信的意志品格

過度倚賴他人，將導致依賴之心之生，從而喪失奮鬥之勇氣。欲克服此依賴之心，可從以下幾個方面著手：

一、於日常生活中，必須培養行動之勇氣，以重建信心。

二、充實自身生活之內容，鍛鍊獨立生活之能力。

三、單獨或與不甚相識之人共行某些事務或進行短途之旅。

◆ 修習獨立，培養自尊與自信

吾人應當修習獨立之生存，以培養自尊與自信之意志品格。具體可從下列幾方面著手：

當心靈與行為明顯受他人影響之時，應立刻保持冷靜，深思熟慮，檢視自身是否能夠獨立行動，隨後努力依據自身的意志而行。

無需常常渴望將己之見傳達於他人，亦不必幻想能獲得他們之助與支持。須知，實現思想者主要依賴自身，他人所重者，唯在於成就，非在於想法。

毋需常常思量他人的喜怒哀樂，或其滿意與否，除非你之行為是為助人或服務他人。應當明瞭，你無法掌控他人的情感，亦不應讓他人的情感左右你之心境。

人生無畏，輸贏由心

本文強調了獨立與自信在個人成長中的重要性，並提出了擺脫依賴與自我掌控的實用建議。文章以「雨天沒帶傘，更要奮力奔跑」為比喻，指出依賴他人如同雨天依靠傘，唯有自力更生，方能掌控幸福與人生。自主與創新源於內在的自由與堅定，不應讓他人或外物羈絆自我。理想的實現需建立在對自身的信任上，而非取悅他人或隨波逐流。雖然合作與借鑑他人經驗重要，但不可盲目模仿，應保有自我主見。文章進一步提出，培養獨立意志與自信可從提升行動力、鍛鍊獨立生活能力、以及遠離過度關注他人情感等方面著手，最終達成自立自強，真正掌控命運與未來。

能承受多大的貶損，便能享受多大的讚譽

他人的指摘乃是珍貴之資，能夠揭示你之所處境地，然則切勿在此境地中止。應當藉助他人的指摘以明瞭己之行為，洞悉是非之所在。若果真有誤，則應修正之；若本無錯，則無需因他人之批評而感到不安。

◆ 責難的提醒：修正錯誤的契機

當行為愚昧之時，多數人之反應為：憤怒於你，譏笑於你。然而，你須明瞭，你僅僅受到了指責而已，此乃明示你犯下重大之錯誤，若不加以修正，則將面臨更為嚴重之損失。

◆ 挫折的力量：在責難中成長

不受責難，則難以成長。倘若未曾經歷深刻的內心震撼，吾輩常會陷入懈怠，隨意漂流。唯有在心靈遭受重創之後，方能振作奮起，超越往昔之自我。

◆ 接受指責：以從容與謙遜化解矛盾

於被他人指責或訓誡之際，特別是來自上級或地位高於己者之言，應當細心傾聽，並面帶微笑，以愉快的語氣回應：「確實，我已然明白，您所言極是，我必將嚴格自律。」若在此情境中表現得過於緊張，則可能使對方感受到你的反抗，進而感到不悅。換言之，靜靜地接受指責或聆聽訓誡，並保持得體的態度與對方接近，實則是對彼方的尊重，亦是留給對方良好印象之道。

◆ 寬容的智慧：理解他人，包容自我

勿以怨恨之心對待那些批評於你者。每一人所處之境各異，所思所慮亦自有其差異，然每一視角之存在皆有其合理之因，

故而我們應當習得寬容之德：以己為他，站於他者之立場，去感知其情感。以他為己，深切體驗他者之感受。以他為他，然我們無法強求他人之改變，唯有理解與體察他人之心。以己為己，吾等之理解與包容，非僅為他人，而是為己，設身處地地包容他人，實則也是在包容自我。

人生無畏，輸贏由心

本文闡述了接受批評與責難對於個人成長的重要性，並強調寬容與自我反思的智慧。批評與指摘雖令人不快，卻是修正錯誤與自我提升的契機。面對指責，應以謙遜從容的態度聆聽，理性分析對錯，若有誤則修正，若無誤則不需介懷。此外，挫折與責難能激發內心震撼，促使人超越自我，實現成長。文章強調，應以寬容之心對待批評者，理解他人立場，包容他人亦是包容自我。唯有將責難視為進步的助力，以開放的態度接受批評，方能在人生中不斷提升，成為更好的自己。

失去之事，賦予我們機會以面對自身之缺陷

失去並不等同於失敗，失去之後尚可再度擁有。每個人皆曾經歷失去，然其對失去的心態卻各異。有些人常常向他人重複強調他所失之物的珍貴與美好，此種行為實屬多餘。而另一些人在失去之後，並非一味沉溺於悲傷，反而積極尋求新的起點，此乃成功者所應具備之心態。

◆ 失去與獲得：關閉與開啟的平衡

在人生的旅途中，若一扇門被關閉，則必有另一扇門隨之開啟。此理同樣適用於生命之道，失去往往代表著獲得。當一種事物被奪去，必然會在他處收穫另一種成果。重要者在於，我們應具備敏銳且具前瞻性的心境，能夠果斷放手。我們必須以恰當的態度面對失去，因為失去有時乃是另一種形式的獲得。

◆ 遠觀的智慧：得不到的美好

人生中某些極為美麗且珍貴之物，常常與我們擦肩而過，此時我們常因錯失美好而心生遺憾與痛苦。然則，對於某種事物的喜愛並不必然要求獲得，正如古語所言：「得不到的東西永遠是最佳。」當我們因一份美好而陶醉時，遠觀之或許乃明智之舉，錯過之或許還能帶來意想不到的收穫。故而，面對失去時，無需過度哀傷。

◆ 放棄的藝術：智慧與豁達的選擇

放棄已逝之物，乃為調整自我之道，懷持良好之心態，向目標邁進。若追求過多，則失去亦隨之而增。放棄，顯示智慧與豁達，非盲目之舉，亦非狹隘之行。學會放棄，方能擁有開朗之心境，生活亦將光輝燦爛。

◆ 騰出空間：為新的美好敞開心門

關閉失去之窗，方能更易開啟所獲之門。若舊衣占滿櫥櫃之空間，則欲容納新衣，必須移除舊物，方能為新衣騰出空間。此理與人之心智相似，若腦海中充斥著過多陰暗與悲傷之事，則未來之幸福與美好無法進入。如此，人又何以獲得快樂乎？

◆ 喪失之意義：荊棘中的成長與清醒

喪失之事，常使人沉思自省，面對自身之缺陷與不足，力求修補，以圖一展所長；喪失亦令我們細細品味人生，反覆咀嚼其甘苦，持續自我完善；然則，喪失並非鮮花之美，而是一叢荊棘，雖令心懷悸動，卻使心智愈加清晰。面對喪失，吾等不可喪志，應當重新調整心態與情緒，校正人生之坐標與航路，尋求與把握機會，找尋自身之位置，發揮自身之光芒。

◆ 分享失意的智慧：選擇合適的人與時機，化失意為力量

失意之事不宜輕言相告，然此非指需將其壓抑於心，而是須於合適之時與適當之人方可言之。

其言唯可告知摯友。摯友者，曉我之境遇，知我之堅韌與脆弱，明我之長處與短處，唯有此等友人可與之言，方可保其安然。

二者之言，唯在得意之際方可言之。若於失意之時言失意，則他人或視我為弱者；而若在得意之時談及失意，則他人會視我為勇者，並由衷敬佩。

人生無畏，輸贏由心

本文闡述了失去與獲得之間的平衡，並強調以智慧與豁達之心態面對人生中的失意與喪失。失去並非終結，而是另一種形式的獲得，關鍵在於調整心態，果斷放手，為新的機會與美好騰出空間。遠觀得不到的事物，或許更能帶來清晰與意外的收穫；而放棄則是一門藝術，需以智慧與豁達尋求更有價值的目標。喪失常迫使人沉思，幫助個體發現不足並加以修補，從而實現自我成長與完善。此外，失意之事應慎於告知，唯有於合適時機向摯友傾訴，或在成功之際談及，方能展現堅韌，化失意為力量，贏得他人敬佩。人生之道在於接受失去、轉化痛苦、擁抱新生。

勇氣並非無畏之心，而是在恐懼之中，依然能夠堅持不懈

有一位美麗的婦人，某日，她前往打高爾夫，然後不慎被球棒擊中面頰。她的牙床因此受損，面上亦留有一道傷痕。經醫生診治後，牙床恢復如常，然面上的傷疤卻難以消除。她因恐懼他人評價她的美貌已逝，因而不願與人交往，隨著時間推移，最終罹患憂鬱症。憂慮與恐懼漸漸侵蝕她的心靈，最終奪走了她的生命。

◆ 恐懼的本質：未知與失去的焦慮

人之常情，非因已然降臨或正在遭遇之事而生懼，而是因結果之不測而心生慌亂。人們畏懼無助、被排斥、孤獨、遭受傷害及死亡的突如其來，亦懼失去官職、職務、愛情、親人及名聲之瞬時消逝。恐懼，作為生命情感中之痛苦體驗，實乃心靈之折磨。在現實生活中，每個人皆可遭遇某種困境或危險，從而感受到不同程度之焦慮。

◆ 面對潛在危險：勇敢勝於任由恐懼操控

倘若一名城中幼子被置於廣袤無垠之草原，其心中必然生恐懼，因其憂慮潛在之惡事將至。即便草原之上並無險境，其心仍難免然然。然則，若果真存有危害，吾等當以勇敢之心面

對，而非任恐懼之情操控於己。

◆ 專注當下：以行動驅散恐懼

集中心智以驅散恐懼，無需過度關注他人對己之印象，自我安慰，猶如不會過度關注他人者，亦無須擔憂他人對己之評價，應將意識專注於當前所需之行動。比如，當從事工作時，無需過度憂慮上司或同僚之看法，應將注意力專注於眼前的任務。

◆ 最壞情況：理性分析以戰勝恐懼

當個人陷於過度的恐懼之中，不妨自問，最壞的情況究竟能惡化至何種地步？其最糟糕的後果為何？若是那最壞的結果尚在我能承受之範圍之內，則無需再懼怕。例如，若遭遇失業，又有何妨？尚有基本的生活保障，足以維持生計，這樣便能專注於應當從事的事務。

◆ 自信與激勵：恐懼的終結者

努力探求自身之特長與優點，進而加以發掘，以致超越他人，贏得自信。如此，恐懼便會不知不覺間遠去，直至消逝。同時，我們需自我激勵，時常告誡自己：「無所畏懼，我定能將事辦妥。」自我激勵乃是鼓舞自我作出選擇並付諸實踐。此種激勵能提供內在之動力，如本能、熱情、情感、習慣、態度或思想，皆能促使人行動。

◆ 主動接觸：用實踐消解恐懼

常常主動接觸所恐懼之物，於實踐中深入了解、認識、適應及習慣之，則可逐步消弭對其之恐懼。譬如，懼高者多登高山，懼水者常游泳，畏獸者勤與獸接觸……經常接觸之後，最初的恐懼心理自會減弱。

◆ 轉移注意力：將焦點從恐懼轉向目標

將心神由恐懼之物轉移至他處，乃可減輕或消解內心之恐懼。譬如欲克服於眾人之前言說之懼，除了需多加實踐與鍛鍊外，於每次言說之際，應將注意力自聽眾之目光與表情轉向所言之內容，並輔以「無所畏懼」等正向心理之暗示，則心境自會愈加安定，言說亦能隨之自如。

人生無畏，輸贏由心

本文探討了恐懼的本質與克服恐懼的具體方法，強調勇氣是在恐懼之中依然能堅持的力量。恐懼多源於對未知與失去的焦慮，而非已然發生的事實。人們常被恐懼束縛，失去行動的勇氣，甚至導致更大的傷害。為戰勝恐懼，文章提供了多種策略：專注當下，以行動取代憂慮；分析最壞的情況，降低心理壓力；挖掘特長並自我激勵，以自信對抗恐懼；主動接觸恐懼之物，逐步適應；以及轉移注意力，將焦點放在目標上。唯有以理性與實踐面對恐懼，方能將其化為成長的契機，實現內心的平靜與力量。

第四章

消除拖延之懼，何所畏懼者？

無論你何時啟程，然後之事乃是勿止於行

勇敢之精神，乃人之不可或缺之素。因為人類每一微小之進步，皆需勇氣作為先導。心理學家 M- 史考特 · 派克曾言：「在此世，若真誠付出，必會發現許多門扉皆為虛掩。微小之勇氣，能成就無限之偉業。」若你天生具此勇氣之特質，當予以慶賀；若尚未培養此品格，則應速速修習，你之生命急需此焉！

◆ 威靈頓的選擇：勇者不屈於命運

在結核病晚期，威靈頓將軍詢問醫生:「我尚能存活多久？」醫生答曰：「若細心調養，或可再活數月。」威靈頓感慨道：「寧可戰死沙場，亦不願在此逝去。」遂離開醫院，重回軍中，最終在滑鐵盧戰勝了拿破崙。戰鬥中他受了傷，需切除一片肺葉，反而因此延續了數年生命。

命運常常如是，具勇者不易為命運所屈。

◆ 冒險與收穫：風險是成功的必要條件

一名不敢冒險之人，猶如一位懼怕風霜雨雪而不敢播種之農夫，雖然最終未有損失，然亦毫無所得。此類之人避開困難，卻同時喪失了獲取財富之良機。實則，風險常與機會並存，人生本是一場冒險，走得最遠者乃是那些願意行動、願意承擔風險之人。

◆ 巴頓的信條：勇氣是人生的基石

「銘記，從今往後直至勝利或犧牲，我們應當永不畏懼。」此乃巴頓將軍之言。成功之路離不開勇氣與膽略，若一人永不失去其勇氣，則無敵於世，因他堅信風雨之後必有晴天。在世俗生活中，諸多事務均需勇氣之支撐，放棄需勇氣，拒絕需勇氣，嘗試需勇氣，冒險亦需勇氣……若一人缺乏勇氣，便失去了承擔責任之根基，唯有活於他人庇護之下，無法直面人生之壓力與挑戰。

◆ 初始的抉擇：勇氣避免屈服的連鎖

勇氣乃非可輕視之事。若一旦屈服，便會接連不斷地陷入屈從。既然最終所遭受之困擾不會少於初始之苦，何不在初始便妥善處置？

◆ 真實與勇氣：拒絕虛偽，面對生活

因為許多人心中缺乏必要的勇氣，故此世間充斥著無數懦弱之人，亦因此世上才有眾多不良風俗與不幸遭遇。實則，每一個人皆應當勇敢一些，在生活中展現其最真實之面，不應以虛偽之面貌度日。

勇氣並非僅在事業成功之際顯現，而是在日常生活的點滴中潛藏。

◆ 知識與勇氣：面對未知，無懼錯誤

人對於未曾了解之事物，常常會生出畏懼之感。故而，我們應當不斷提升自身的知識與能力，以培養勇氣，無論是體育才能、語言能力、交際技巧或歌唱才能等。於此同時，無論何時何地，皆須勇於面對現實；因為勇氣不僅在於不懼困難、勇於抗爭，亦在於勇於面對錯誤、失敗以及陌生的境地。若犯錯，應當勇於承認與改正；若遭失敗，則須重新嘗試，對於一切事物，皆不應心懼。

成長錦囊

無人天生為勇者，唯有經歷風雨之後，方能獲得勇氣。欲求勇氣，可從以下三個方面著手：

一者，勿失信念。即便頻繁犯錯或遭遇失敗，亦應告誡自身：「吾乃最優者！」

二者，對於自身，應當具備耐心。當面對新環境之際，需詳盡了解該環境之情況，學習適應此新境的方法，並勇敢地迎接挑戰。

三者，需修習自我欣賞。唯有能欣賞自身之作為，方能更佳地接納自我，進而增益信心。

沿著「稍候」之途，常進入「無窮」之所

理想與現實並非遙不可及。若能毅然決然地立即行動，則能把握機會以實現所望。拖延不僅無助於問題的解決，反而會使問題愈加惡化。那些在面對事務時猶豫不決之人，自會陷入被動之境，縱使機會在眼前，亦難以把握。因此，當機會來臨之際，應給予自己五分鐘的思考，若已然思慮周全，便應付諸行動，否則機會便會悄然流逝。

◆ 機遇之神：瞬息即逝的珍貴機會

一位訪者凝視著眾多神祇的雕像。他在眾多形象中發現了一尊長髮遮面、足生翅膀的雕塑，便向雕塑家詢問：「此乃何神？」

「機遇之神。」雕塑家回應道。「為何他的面容被長髮掩蓋？」、「因人們幾乎無從知曉他降臨之時。」、「他的翅膀為何生於足下？」

「因其瞬息即逝，若一旦翱翔而去，則世人將無法再見其蹤影。」

機會難得，唯有勤勉方能換取機會。若能以誠心對待生活，則能夠把握那些悄然而至的機遇。然則，常有一些人，雖得機會卻未能緊緊把握；而亦有許多者，牢牢抓住每一機會，令其生命更具價值。每一個人皆應在日常生活中累積各式各樣

的經驗與知識，以提升自身之能力。

◆ 霍桑與朗費羅：敏銳直覺捕捉靈感

霍桑與一位來自塞勒姆的友人一同前往朗費羅之家作客。用餐過後，他的友人講述了一則故事，朗費羅聽後詢問霍桑：「若你無意以此為題材創作小說，是否能將此故事借予我以寫一首詩？」最終，朗費羅完成了《伊凡吉琳》。

機遇往往在不經意間降臨，稍縱即逝。具備敏銳直覺者更能把握此時。機緣絕不會再次叩響門扉，故我們應常懷準備，以便在其初次來臨時即予以捕捉。

◆ 塞萬提斯的忠告：懈怠者與機會無緣

論及成功之道，西班牙文人塞萬提斯曾言：「行於『稍作停留』之途，常陷入『永無』之境。」於事業追求之旅，若稍有懈怠，停留觀望，則或許會與良機擦肩而過。

◆ 布萊克的時機之詩：把握恰當的時刻

英倫詩人布萊克於其詩篇中揭示了時機「即時」的本質：「如若在時機尚未成熟之際貿然摘取，必將流下悔恨之淚；而一旦錯失成熟之時，終將以無盡之痛苦終老，泣不成聲。」

機遇如同短暫閃爍的火光，若未能把握，則難以重獲。故此，時機對每一個人而言皆為至關重要。

若真心欲行某事，則宇宙皆會助你

先行者常能收穫成功。面對機遇時，他們從不猶豫，也不拖延。他們遵循一種行動準則，凡事一旦接手，則立即付諸實行。機會固然重要，而人們對於機會的反應亦然關鍵。當機會降臨，反應敏捷者便能搶先把握，因為機會不會停留，稍縱即逝。

三人行於同一途，步伐一致，皆朝同一方向而行。忽而，前方地面閃爍著光輝，散發出金色的光芒。「乃是金幣！」此念同時湧入三人心頭。其一目光定格於金幣，另一人高聲呼喊：「金幣！」而第三人則迅速前衝，俯身將金幣拾起，握於手中。眼前的機會雖對三人皆然，然唯有第三人因其迅速而得金幣。生活中機遇雖多，若不果斷行動以捕捉，便如同未曾察覺其存在。

◆ 果斷行動：構思落實為現實的關鍵

若欲確認某一事物，必需迅速付諸實踐，否則再美之構思，若不付諸實施，皆為虛妄。每日眾多之人，因畏懼而放棄或埋沒其新想法，時光流逝，昔日構想終將反噬於心。此類人難以有所成就，唯有果斷行動，方有成功之機。

◆ 速度決勝：拉爾總督的教訓

當英軍總指揮約翰·拉爾總督駐於德拉瓦之時，於一場牌局之際，獲悉一份關於華盛頓軍隊進攻德拉瓦的情報。然而，正值牌局興味盎然之際，總督未曾細讀此信，隨手將其置於上衣口袋。待牌局結束，他始終未及查看信件，結果一切已為時已晚。他急忙召集軍隊，然華盛頓軍隊已然逼近，最終他與其部下皆淪為俘虜。速度乃成敗之關鍵，數分鐘之延誤可導致難以挽回之損失。

◆ 行動賦能：計劃的價值在於實踐

唯有行動方能使策劃化為現實。即便是再為詳盡的地圖，無論其比例多麼精準，亦無法自行帶領主人遊歷四方；再嚴謹的法條，若不加以施行，亦無法阻止罪惡的蔓延；再智慧的典籍，若不付諸實行，亦無法創造財富。唯有行動，方能賦予地圖、法規、典籍、夢想、計劃、目標以實際之意義。

◆ 行動揭示機會：變化中尋找突破

有思慮者必須行動。唯有行動方能揭示機會，亦能顯示己之構思與實踐之差距，若無行動，則無法驗證所思，亦無法尋得發展之機會。吾輩身處變幻之世，機會應在變化中追尋，所謂以變應變，正是此理。那些創業之宗師皆為典型之冒險者，彼等深知行動方能發現奧祕，找到解決問題之道。

◆ 速率為王：從大魚吞小魚到快魚吞慢魚

速率乃優勢所在。若有六成之把握而行動，所獲利潤將極為可觀；若有八成之把握而行動，所得利潤則為常態；然若有十成之把握而行動，則往往會遭到淘汰。如今已然由「大魚吞小魚」之局面，轉變為「快魚吞慢魚」之時代，速率為勝負之關鍵。無數人皆矚目同一市場，若不速行，將有他人搶先而至，唯有迅速行動，方能把握商機。

◆ 果斷與輕率：迅速行動的正確之道

果斷與輕率並非同義。某些人誤以為果斷乃是迅速作出決策。然則，若對行動方法及其結果未經充分考量而草率決定，則此舉非果斷，乃是輕率、衝動及冒失之表現。果斷與武斷需明確區分。某些人固執己見，自以為是，於事務發生時不進行調查研究，亦不加深思熟慮，便輕率地做出決定，隨意行動。表面上似乎果斷，實則為盲目行事。迅速的行動並不排斥深思熟慮及虛心聽取他人之見，事實上，正因多思、多問、多商討，使人對事務更具把握，從而更為果斷。

生活就是行動，不行動等於死亡

若欲於眾人中顯赫，實務與才幹不可或缺。若二者兼具，必能贏得卓著之名聲。無才之實幹者，勝於有才而不務實者，因實務能成就偉業，令其超凡脫俗。

◆ 期待與行動：實現願望的根本之道

倘若一人心中僅存某些念頭，而不付諸實踐以求其實現，彼之期待不過是空中樓閣，無法成就其所願。故而，除了懷有期待，人們亦需以行動為之奮鬥，直至最終獲勝。世間諸多個體，常在工作之際，幻想於他處任職。然則，結果往往是其眼前之事未能妥善處理，亦無望獲得新職。此種期待與行動之背道而馳，必將使未來愈加迷惘。期待之性質，必需以相應之實際行動為之實現，唯有如此，期待之力量方能得以充分展現。

◆ 穩紮穩打：成功需要腳踏實地

勤勉而踏實之人，常常於早晨便有所行。如果君欲成就偉業，先立遠大之志，然後須心平氣和，恪守本分，切實做好應做之事。在通往成功之途，切勿妄想一蹴而就；若基礎不穩，奮鬥之目標無異於虛幻之樓閣。故真正智者，明白應當穩紮穩打，以自身之行動構築成功。

◆ 追求卓越：僅完成任務遠不足夠

凡人常以為，僅僅完成所分配之任務便足矣，然此實不足以致成就。欲求成功，必須更加努力，追求卓越。

◆ 記錄的智慧：為專注與高效騰出空間

記錄問題不僅能為未來尋找解決之道提供依據，還有其另一重價值：當我們將問題詳盡地記錄下來，便可無需擔憂遺忘，從而安心地將其暫時從記憶中移除，為思緒騰出一片「淨土」，以便全心投入其他工作。否則，雖然問題被擱置，卻因無法暫時忘卻而心神不寧，從而在進行其他事務時，效率低下，事倍功半。

成長錦囊

切實施行你之創意，以發揮其價值。創意再美，若不加以執行，終無所獲。可以從以下三個方面培養積極行動之習慣：

1. 毋需待一切俱全方行動，因為絕無完美之事。若有問題出現，應立即予以解決。

2. 以行動來戰勝恐懼，並同時提升自信心。所懼者，當行之，則恐懼自會瞬間消散。

3. 常思「明日」、「下週」、「未來」等言辭者，其意與「絕無可能實現」相同，然應化為「今即行之」的人。

無有準備之說，今當放手行動

拖延之舉，常會引致慘痛的結果。凱薩未能及時洞察警示，終至於議會遭受刺殺。短短幾分鐘的耽擱，使他失去了一切。準確與守時，乃成功之基石。在人生之中，總有數個關鍵之際，任何猶豫與遲疑，皆可能使你與成功失之交臂。

◆ 優柔寡斷的危害：果斷是成功的基石

優柔寡斷之性對於一個人之發展，無疑會產生不良之影響，且其阻礙頗大。此類者無論何事，皆難以堅持至終，常常中途而廢，甚至有時連開始之決心皆無。此種人之特徵在於自信不足，故每每行事皆猶豫不決。由此可見，果斷之品德對於人之重要性。

◆ 拖延的惡習：理想因等待而消逝

有些崇高的理想與偉大的思想，常常在某個毫無預兆的瞬間，突如其來地從某人的心靈中湧現。這些觀念無比周全且具可行性，然因拖延之惡習，產生這些思想者卻始終未能付諸行動，總是期待所謂的適當時機。最終，這樣的良機便白白流失。

◆ 今日之事今日畢：果斷行動的必要性

今日之事，宜於今日完成。每日皆有待辦之事，若一味拖延，則終將無法成就一事。行事當果斷，念及即行，因拖延之故，必將影響明日之所需。拖延乃惡習，為行事之大忌，損害效率，削弱創造力。人應於熱忱最盛之時，立刻行動，此乃樂趣所在，切勿待熱忱消退後方始行動，當時則成為苦役，且難以成功。

◆ 成敗之別：拖延與高效的分水嶺

有一位法國的著名政治家被詢問，如何在取得諸多成就的同時，仍能兼顧社會責任，他答道：「我的方法極其簡單，我從不將今日之事拖至明日。」而一位鬱鬱不得志之人則恰恰相反，他的做事信條是：「能夠拖延至明日之事，絕不會在今日完成。」

◆ 先機的重要性：行動先於他人者為勝

倘若欲成為卓越之士，當以行動先於他人，因在相同條件下，率先邁出一步者必將獲得先機。某些人原本能於其所屬之行業中獨占鰲頭，卻讓那些不及其者搶占先機。獲得先機者乃創始者，其地位崇高，後來者不論如何竭盡心思，亦難以擺脫追隨之命運。卓越之者常採取與眾不同之法以創造卓越，因其標新立異，故能名垂青史。

◆ 準備與應變：迅速行動者終將成功

迅速行動之人或有失誤，然其終將獲得成功；而那些行事拖延者，無論其智慧與才能何其卓越，終究亦難逃失敗之命運。科貝特曾言，成功之所以屬於他，非因天賦異稟，而在於其隨時準備迎接新挑戰。唯有具備此隨時應對變化之心態，方能在事業上有所成就。若有人約定於十時會晤，則我於九時便應做好所有準備。

成長錦囊

拖延乃成功之障礙，若已確立目標，則應付諸行動，以提升實現夢想之可能性。欲將夢想化為現實，當務之急有三：

一、使目的具體明確。

二、需專注，竭盡所能。

三、實行之。

所有具備人生深刻智慧的成功者，皆擅長迅速做出決策，既然已然選擇，便全心投入，因為他們明白：唯有付諸行動，方能達成理想。

只有當機立斷的統帥才能取得勝利

果敢之決策常能捕捉轉瞬即逝的良機。延宕則常顯逃避之意，最終結果往往是不了了之。行事如春之播種，若不於適宜之時行之，後必無所獲。即便夏日綿長，亦難以補救春之耽擱。某星之執行即便延遲一秒，亦可使整個宇宙陷入紊亂，後果不堪設想。時光荏苒，良機自不會重現，故需果斷把握機會。

◆ 果敢之力：成功的基石

果敢之行，已然使我們的事業成功一半。果敢乃是指個體能夠在恰當時機，做出經過深思熟慮之決策，並全力以赴地實施該決策，行動上無絲毫猶豫與疑慮。果敢是成就偉業者累積成功之資。具備果敢之性格，能使我們在遭遇困厄時，驅散猶豫與顧慮，勇敢前行。

◆ 拿破崙的果斷：危急時的明智選擇

拿破崙在任何境遇中皆不曾遲疑。他常能在危急之際作出最合乎時宜的選擇，絕不讓其他目標與行動計劃妨礙其決策與既定之志。此乃極為有效之法，所顯示之果敢足以證明他乃一位勇於斷然決策者。在緊急情況下，果斷地做出最為明智之選擇，隨後捨棄其他可能性。

◆ 亞歷山大的祕訣：毫不猶豫地行動

當有人詢問亞歷山大如何統治世界時，他的回應便是，毫不猶豫地行動！若每次抉擇都需依賴他人之助或諮詢他人之見，則此情況比懦弱更為悲慘。人必須養成良好習慣 —— 在關鍵時刻憑藉自身之勇氣與果斷作出選擇，事物成功的祕訣在於我們是否能培養立即行動之習慣。

◆ 決斷與熱愛：避免職業選擇中的猶豫

優柔寡斷者，乃人之致命缺陷，尤於職業選擇時，常見有人反覆思索，無所適從。然則，若能從事自己所愛且具備相應能力之事，則應當果斷行之，無需猶豫不決。成功者者，常於工作中自我充實，而非沉迷於空想之中。

◆ 決斷力與直覺：成功的關鍵能力

實踐之能與洞察之慧，乃天賦於人之才華。即便他人精神之德已臻卓越，然若缺乏決斷之力，成功則仍難以臨近。故而，決斷力與直覺力同樣不可或缺。

成功之人皆具一相似特質，乃是其決策能力卓越，能將己之理念付諸實踐，及時把握機遇而不失良機。

◆ 輕重緩急：明智選擇的重要性

一位具備明智判斷之人，在行事時不會停滯不前，而是會審視事務之輕重緩急，首先處理最為重要之事，繼而方可涉足次要之務。切勿優先選擇自認為容易或所喜之事，亦不可輕率從事尚未掌握之事。此舉恐將耽誤重要事務，致使不必要之損失。

◆ 當機立斷：果敢行動帶來豐厚回報

一位能迅速決策者，乃是具備堅定見解及善於裁決之人，於重大事務面前，定然不會陷入混亂。他們擁有卓越之判斷力與堅定之意志，能明察秋毫，並言之必行。對自身運勢，亦有充足把握，因而能以更強信心去創造輝煌。若你察覺機會已然降臨，切勿猶豫，須當機立斷，果敢出手以捕捉之，隨之而來的則是豐厚收穫。

◆ 克服錯誤恐懼：果斷行動的智慧

毋需畏懼錯誤之選。若欲善用決策之力以清除障礙，必須克服對於「錯誤決定」之懼。在某些迫切需作之決定時，果斷之決策者將全神貫注於其決定，雖然當時明瞭該決定或許尚不夠成熟。然而在此情境中，彼必須激發其全部理解與想像，投入於緊迫之思考，並使自己堅信此乃當時所能做之最有利之選擇，隨即付諸行動。

成長錦囊

對於人類而言，培養果斷之決策能力可從以下幾個方面著手：

1. 首先需策劃，方可決斷。作出決策往往比隨後的行動更為艱難，故在決定之際應多加思慮。

2. 保持決策之靈活性。行事不可過於刻板，宜修習如何維持彈性，聆聽他人之善意勸告。

3. 立刻付諸實行。人類的意志難以被壓抑，倘若心中懷有勝利與成功之念，渴望塑造與掌控自身人生，則世間無有解決不了之難題。

炫耀者必有其資本，否則何以自誇？

追求卓越者，乃人之常情，志之所向，然急於求成，必遭他人之嫉妒與排斥。考察成功者之處世之道，吾人可得諸多啟示：才能可超群，然不可顯露高人一等之姿態。隱而不彰，乃低調之表現，亦為生存達至更高境界之有力保障。

◆ 低調之道：以行動證明價值

在所有事務中，應當追求低調，勿使自身光芒過於顯露或顯得過於激進。吾輩應將所有精力與智慧專注於扎實的行動上，以成果為證，而非單純展現自我。無論一人心中燃燒著何等強烈的渴望，皆應使自己如水般平靜，穩重而老練將為其優秀之處增添光彩。

◆ 潛心修練：靜待時機厚積薄發

明白低調之道，方能使在風雨中成長的小樹苗，最終化作參天大樹。若心懷宏圖，然時機尚未成熟，所應行者，乃是潛心修練，靜待良機。在此境遇下，旁人尚未洞悉你的真實志向，而你卻已對全域性了然於心。待時而動，果敢出擊，先行一步，成功便指日可待。

◆ 謙遜處世：勿逾越上司之光芒

毋須顯得超越於上司，因為此舉非但愚昧，且後果或致命。無人偏愛他人之光彩勝過己身。極為卓越者常遭上司之忌恨，故於職場中當習得隱藏己之優勢。

◆ 才華藏而不露：適度展現以保留期待

勿於他人之前顯露你的才能，於事需付出之智，則應量力而行，毋需浪費心力與體力。若每日皆表現才能，則人們不久將失去興趣。應留有新奇之物，使人眼前一亮。若每日稍顯優異之才，則人們將長存期待，因其無法窺知你才華之深廣。

◆ 保留神祕感：謹慎與克制帶來尊崇

不宜將所有事務悉數公開，因為意外的成功最能贏得他人的敬重。若一切表現得過於明顯，非但無益於己，且會使人感到乏味。保持某種神祕感方能獲得尊崇，即便必須言明真相，亦不宜毫無保留地全盤托出，猶如日常交往中不盡情流露內心之所思，謹慎地保持沉默乃智者之護符。展露己所為，非但無法獲得良好評價，反而會招致批評。若事情未能圓滿，則我們將遭受雙重的打擊。

第五章

人生中最可怕的困境，
乃是內心對於逆境的屈服

華麗的跌倒，勝過無謂的徘徊

失敗之人未必皆懦弱，然懦弱者常常遭遇失敗。此乃因懦弱者對壓力心存畏懼，故常為己尋找藉口。面對敵手或艱難時，他們因缺乏堅持，常選擇迴避或屈服。懦弱者，自是其最大之敵；而勇者，則為自身之良友。對於膽怯且猶豫者而言，萬事皆無可能。若採珠者畏懼鯊魚，豈能獲得珍貴之珠乎？

◆ 不屈的意志：失敗是成功的試金石

偉大而高貴之人最為顯著之處在於其堅韌不拔的意志與勇氣。無論外在環境如何變遷，其初衷與希望始終如一。最終，他們能夠克服重重困難，達成所願。因此，失敗之際恰是檢驗一個人成功潛力的最佳時機。面對失敗，有些人會重整旗鼓，付出更大的努力；而有些人則會輕易退卻，逃避現實，畏懼面對。實則，唯有不留退路者，方能更有機會尋得出路。

◆ 困難的價值：挑戰激發潛能

一位在商賈之道中卓然獨行的商人曾言：「每一成功皆是艱辛奮鬥之果。」越是艱難，越能激勵人心，促使人勇往直前，毫不退卻。今若一事可輕易而為，則人心難以安寧。唯有歷經重重障礙，方能從艱苦困境中獲得成功，方能享受真正的歡愉。易於達成之事，無法使人體會克服之樂，困難乃人之滋養。人們之所以喜愛挑戰艱難之事，乃因在面對困境時，方能激發出人之全部潛能。

◆ 決心與自信：不留退路才能果斷前行

當一個人立志追求其理想時，應當不留退路。儘管在作出決定之前，許多複雜之事需經深思熟慮，從各方面評估得失，然一旦下定決心，便應堅守不變。唯有如此，方能養成果斷行事之習慣，並在增強自信之際獲得他人之信任。初始之時，個人難免作出錯誤之決策，然自信可完全彌補因決策失誤所造成之損失。

◆ 心理的囚籠：突破自我設限

畏懼跌倒，則行走時心懷恐懼；懼怕受傷，則自我羈絆。若為自己設下過多退路，則會使自身陷入封閉，而在封閉之際，亦封閉了人生之道。世上最難以攻克的，非那些堅固的城池，而是我們自織的心理囚籠。

眾多之人悲哀非因運氣不佳，然因其自設諸多限制，這些限制窒礙了其想像之空間與奮進之勇氣，亦模糊了其前行之方向與人生之追求。故欲登上成功之途，必須擺脫困境，勇敢自我挑戰，打破心中之囚籠。

◆ 不留退路：成功的背水一戰

「眾多途徑皆至於羅馬」，而不留退路正是其中之一。不留退路非但不意味斷絕生機，反而是促使自己勇猛向前，毫不畏懼，絕不回頭。往往，成功正是如此被逼迫而生。

身處谷底者，只需行動，無論所向何方，皆能達至更高之境

當人陷入最深的谷底，唯有一途可行，乃是向上攀升。當突如其來的變故、重大之責任與強大之動力同時壓迫於一人之身，潛藏於其內心深處的能量便會爆發，使其勇於迎接挑戰，所向披靡，創造一番成就。

◆ 困境的激勵：末席者的成長契機

已然登頂者，唯能維持其位，然常有降至次席或三席之厄運。然而，對於處於末席者而言，最壞之境地亦不過末席，然則有晉升為倒數第二、第三之機會。困境非全無裨益，反可作為激勵，促使我們成長與進步。

◆ 失敗的意義：謙遜與學習的契機

若生命中所渴求之事皆能以微薄之力得以實現，那麼我們

將無所獲，生活便會失去其意義。若凡事皆能成功，人自會驕矜自滿，而唯有失敗方能使人謙遜。面對失敗，應理智地自我安慰，此乃絕佳之學習良機。

◆ 失敗是起點：通往勝利的必經之路

「失敗，乃是通往更高境界之起點。」眾多能夠獲得最終勝利者，常源於其屢次的挫敗與重整。未曾經歷失敗者，或許反而不知何謂真正的勝利。通常而言，失敗賦予勇者果敢與堅定，跌倒無妨，關鍵在於能否重振雄風。

◆ 失敗後的智慧：從挫折中鍛造堅毅

唯有在失敗之後的成功，方能賜予我們難以磨滅且終身受益的智慧。即便身處貧困、困頓、失敗，或一無所有，甚至疾病纏身，皆無妨；若能奮力抗爭，便可獲得防範重蹈覆轍的經驗。於冒險之中鍛造堅毅的內心，最終定能抵禦厄運之神的侵襲，昂首挺立於世。

◆ 逆境的雙重性：煉獄或階梯，全憑態度

在人生的艱難旅程中，各人對逆境的看法與態度各異。對於脆弱者而言，逆境猶如生活的煉獄，前途的深淵；而對於堅韌者而言，逆境則是人生的良師，前行的階梯。逆境如霜雪，既能枯萎草木，亦能使菊花芬芳、梅花豔麗；逆境似激流，既可使

人沉淪，也能助舟遠航。逆境的雙重性，端賴於人們如何認知與掌握之。

◆ 消沉與堅韌：從谷底崛起的力量

每一個人的生命中，皆會歷經谷底。居禮夫人曾兩度萌生自盡之念，奧斯特洛夫斯基亦曾以手槍對準自己的頭顱，然則他們最終以堅韌的意志面對人生，獲得了非凡的成就。由此可見，短暫的消沉並不足懼，真正可怕者乃是在消沉中無法自拔。

◆ 直視挫折：迎接挑戰，實現超越

成功之人必需具備足夠之勇氣，以面對恐懼與艱難。任何事業之成就，皆非輕而易舉可得者。若欲於工作中脫穎而出，必需面對各式艱難險阻，直視事業之挫折與失敗。唯有勇於面對現實、迎接挑戰者，方能真正實現超越自我之目標，達致卓越之境界。

◆ 光輝背後：艱辛鑄就成功

未曾歷經風霜雨雪之花，無法結出豐滿之果。或許我等習慣於嫉妒他人之成就，然勿忘「臺上十分鐘，臺下十年功」，其光輝背後必有汗水與淚水所鑄成之艱辛。

許多具才華之士，與成功之間僅隔著一番挫折

卓越之斧，其鋒利者，乃因經過烈焰之鍛造與工匠之磨練。諸多偉人之所以顯赫，實因歷經艱難與挫折。世間雖有許多聰慧之人，家境殷實，學業優異，然未能成就偉業，隱匿無聞，此乃因其生平未遭阻礙，未曾歷練苦難，難以激發內在潛能之偉大力量。

◆ 挫折之羽：困境成就堅韌人生

鷹鷲之羽毛愈發豐盈，母親便將其逐出巢穴，迫使其在蒼穹中練習飛翔。此番歷練使其成年後能成為鳥類之王。那些年少時遭受挫折、歷經艱難的年輕人，往往能在日後成就偉業；而那些自幼生於溫室、生活一帆風順者，常難以承受挫折之重，難以成才。

◆ 磨練的價值：困難孕育勇敢與智慧

越是堅固之鑽石，其價值愈顯珍貴，然欲使其光輝四射，必需歷經長久之磨練。唯有在磨礪之後，鑽石方能展現其所有之美。

自然乃公正之所，因其於每一難題之際，亦賜與一份智

慧。貧困與艱辛者，僅為激勵之源，而非不可踰越之障礙，能使經歷者錘鍊身心，因而愈顯勇敢與堅韌。

◆ 挫折的啟示：思考與創造的契機

挫折乃是促使我人反思自身之契機，正是在遭受挫折之際，思考之力得以激發，自我創造之能得以彰顯。若你堅信自己絕無可能克服艱難，實乃重大的謬誤，因而失去了在逆境中奮發向上的良機。

◆ 磨斧之理：不斷提升自我以破困局

一人於森林中目睹一名伐木者，彼為砍伐一樹而辛勤工作五小時，身心俱疲，然進展甚微。此人遂提議：「你何不稍作停頓，磨礪斧頭以增其鋒利？」伐木者答曰：「我無暇，砍樹尚且來不及，何以有時間磨斧？」世間諸多眾生皆似此伐木者，急於向前而困於現狀，難以突破，步履維艱，忘卻「工欲善其事，必先利其器」之理。從個人成長之角度而言，唯有不斷磨練自我，方能使事如意，遊刃有餘。

◆ 無畏者之志：勇毅錘鍊品格與力量

一位無畏之者，於艱難境遇中愈顯勇毅。他絕不退縮，反而以堅定之志挺胸而立，勇敢地面對所有困境，挑戰一切阻礙，承載所有悲痛。此種經歷不僅未曾使其屈服，反而錘鍊了其意志，增強了其力量，提升了其品德。如此之人，誠為世上最令人敬仰者。

人生無畏，輸贏由心

本文闡述了挫折與困難對個人成長與成就的重要意義。文章指出，挫折與磨練是激發潛能、成就偉業的關鍵力量。正如鷹鷲因磨練飛翔而成為鳥類之王，人類亦需經歷困境才能培養堅韌與勇敢。鑽石的價值源於其打磨，人生的光輝亦需困難的歷練來成就。挫折不僅促使反思，更是創造力與突破的契機；而無畏者在艱難中愈加堅毅，最終錘鍊出強大的品格與力量。文章以伐木者的比喻提醒我們：唯有不斷磨練自我、提升能力，才能在困局中突圍，遊刃有餘。挫折與磨難並非阻礙，而是走向成功的必經之路，亦是堅韌人生的根基。

失敗者唯一的類型，乃是在成功尚未達成之際，便已選擇放棄者

在成功降臨之前，是否能夠持之以恆，乃是成者與敗者之根本差異。若能具備那種不屈不撓的特質，則可如破竹之勢，

掌控命運之舟。然而，若無此，無論才華如何出眾，環境多麼優越，機會再怎麼良好，皆難以達成成功。若欲在職場上有所作為，則當心如止水，發揚不達目標誓不罷休之志，讓自己成為上司眼中能夠執行任務的可靠者。往往在我們再堅持片刻之時，成功即將降臨。

◆ 堅持到底：成功的最後一步

堅持至最後一刻乃成功之祕。猶如長跑，最為艱辛者非初步之起步，而是最後邁向終點之步。那最後一步之行，象徵著毅力，亦是恆心之表現。若無毅力之人，難以成就偉業。無河床之沖刷，則無鑽石之璀璨；無挫折之考驗，則無堅韌之品格。有時稍加耐心，便可賜予自己一次機會。

◆ 堅毅改變困境：從幽暗小屋到成功之路

即便是魔鬼，亦不能阻礙一顆堅毅之心及意志堅定者之成功之路。一位英國文人在閱讀了美國偉人之傳記後，發出了這樣的感慨：「所有偉人之搖籃，似乎皆為一間幽暗之小木屋。」誠然，無論此時爾之困頓如何，絕不可絕望與放棄，須以勤勞之手與堅定之心，改變眼前之境，掌握每一良機，以換取最終之成功。

◆ 勤勉與目標：成功的核心法則

俄國之化學家門得列夫曾言：「天才乃是終生不懈之勤勉。」而英國之政治家迪斯雷利則言：「成功之祕在於不懈追求目標。」

任何人的成就絕非巧合，那些在通往成就的道路上能忍受孤獨、始終如一的人，必能達到成功的終點。而那些一遇困難即放棄或在困難前屈服之人，無疑無法享受最終的榮耀。

◆ 精神的強韌：克服困境的關鍵

達爾文曾言：「我所成就的科學事業，皆源於長久的思索、忍耐及勤勉。」成為強者，首要在於精神的強韌。世間無有無法戰勝的艱難與困厄，面對絕境之時，氣喘吁吁、身心俱疲之際，只需再堅持片刻，拚盡全力，困難便可被征服。

◆ 不屈不撓：以堅持與信念迎接成功

倘若吾心之志向堅定不移，若能多一分自信與堅持，若對困難能多一分抗爭之勇，則必能達成所望。當困難阻我之行，當失敗挫我之志，當重擔使我喘息不已時，我等仍需不屈不撓，堅持不懈，咬緊牙關，成功自會眷顧我等！

人生無畏，輸贏由心

本文闡述了堅持與堅韌對於成功的重要意義，指出成功與失敗之間的分界線往往在於「放棄」與「堅持」。在達成目標的過程中，堅持到最後一步乃是成功的祕訣，而缺乏毅力則使一切努力化為徒勞。文章以長跑比喻，強調毅力和恆心是成就偉業的基石，並引用門得列夫與迪斯雷利的箴言，凸顯勤勉與不懈追求目標的重要性。無論身處何種困境，唯有保持精神的強韌，面對挑戰時不屈不撓，方能實現人生的突破。成功降臨前的那一刻，往往需要我們再多堅持一分、多一分信念與勇氣，唯此才能克服絕境，贏得榮耀。

於最深之絕望中，方可邂逅最為絢麗之景緻

太陽並非始終光照大地，葡萄亦有其青澀之時，擁有羊皮卷的海菲在其人生旅途上亦非無阻。失敗的創傷使希望的天空籠罩陰霾，使夢想化為泡影。然而，逆境乃是最優良的學府，每一次失敗、每一次打擊、每一次損失，皆孕育著成功的種子。無需再對失敗耿耿於懷，無需再逃避現實，無需再拒絕從過去的錯誤中汲取教訓，因為逆境常常是通向真理的重要途徑。

◆ 逆境的恩惠：鍛造鋒利人生之刀

人皆會遭遇喜樂與憂愁，時日皆有善惡之分。故而，毋需對生活之不公抱怨。冷遇對於真正堅韌之人而言，猶如錘擊坯料之工具，擊散脆弱之鐵屑，鍛造出鋒利之鋼刀。每一次錘擊皆為痛楚，然經歷愈多錘擊，鋼刀愈加鋒利。最終，我等將能以此鋼刀開闢新天地。那些逆境中的磨礪，正是我們成就非凡人生之基石，乃是天賜於我們的最佳恩惠。

◆ 尼采的啟示：逆境鍛造堅韌與勝利

尼采曾言：「能使我毀滅之物，將使我更為強大。」經歷逆境之苦，我們終將洞察幸福之真諦。成功者非天賦之強者，其堅韌與毅力乃後天努力所鍛造。弱者自有其生存之道，只需信念堅定，勇敢迎接人生種種挑戰，弱者亦能迎來最後的勝利。

◆ 挫折的挑戰：成長中的操場

適度的挫折對於人的成長具有一定的正面意義，能夠驅散懶惰，促使人奮發向上。挫折乃是一種挑戰與考驗，生活中許多輕微的挫折實則是意志力的操場。當我們在艱辛中完成全程，克服生活的種種挫折之後，便會獲得愉悅的體驗。英國哲學家培根曾言：「超越自然的奇蹟多在於征服逆境之中顯現。」

◆ 光明的終點：堅韌渡過險境的力量

即便遭遇前所未有的劇烈苦痛，我等不應因此而消沉。若過於沉迷於自憐之中，則必將陷入無法自拔之境。故此，我們應當慶幸逆境的降臨，因為它乃考驗我等最佳之良機。堅韌地度過險境之後，將有一條光明的道路展現於我等眼前。畢竟，路的盡頭，仍然有路，唯有我等願意前行。

◆ 逆境中的繁花：苦難成就非凡之創造

若柴可夫斯基未遭受如此之苦，若其悲劇性的婚姻未使其逼近自盡之境，若其生活不至於如此悽慘，或許他終將無法創作那首不朽的《悲愴交響曲》。達爾文亦坦言其殘疾對其有意想不到的助益：「若無此殘疾，或許我不會完成如此多的作品。」是故，逆境之途亦可綻放繁花，唯願我們堅持不懈地走下去。

◆ 逆境的學府：磨難激發卓越生命

逆境乃至高的學府。眾多生命之所以卓越，皆因其在逆境中承受了磨難。苦難錘鍊了其意志，激發了內在潛能，使其展現出非凡的人格魅力。故而，苦難與障礙的降臨，不僅能增強人們抵禦苦難的能力，更能激發其內心深處的潛能。

◆ 脫離迷惘：逆境中的自我突破之道，重拾方向的三大關鍵策略

當我們處於困境之中，難免會感到困惑。此時，為了克服這種迷惘，我們可以採取以下措施：

再賦予自己一次嘗試的機會。

1. 一次性成就固然是最為理想的境界，因為無人願意耗費過多精力於曲折之途。然而，我們終究是凡人，而非無所不通的全才，因此失敗乃是無法避免的事實。

2. 自我激勵。

生活中充斥著無數的困難，然則於每次身處谷底之時，未必需他人之激勵。因此，我們應自我激勵，使勇氣與力量於心中萌發。

3. 藉由楷模之力。

應盡量深入探究成功者如何於逆境中維持其進步之道，及其克服重重困難之法。

當身處困惑之中，應當靜心片刻，暫時放下繁雜的思緒，簡化心中所想，然後堅定不移地沿著既定的道路前行，必能脫離迷惘之境。

人生無畏，輸贏由心

本文探討了逆境在人生成長中的價值，強調苦難與磨練是邁向卓越的必要階梯。逆境雖帶來痛楚，但亦如至高學府，磨鍊意志、激發潛能，使人展現非凡人格魅力。尼采與培根的名言揭示，逆境不僅鍛造堅韌，也促進智慧與勇氣的增長。柴可夫斯基與達爾文的例子則顯示，創造力常在苦難中開創。唯有在苦難中堅定前行，才能看到光明的終點，並轉化逆境為生命中的繁花。此外，「脫離迷惘」的三大策略：賦予自己再嘗試的機會，自我激勵，以及藉由楷模學習克服困難之道。逆境中，堅韌與信念是我們走向成功與非凡的最強助力。

努力之所以產生不同的結果，乃因動力之強弱各異

阻礙乃是我等之恩人，而非敵手，因其能增強我們克服艱難之能。譬如樹木，若無與風暴之搏鬥，豈能成長為參天大樹？人若不歷經苦難，豈能檢驗其人格，亦難以鍛鍊其生存之能？故而，凡是磨難、苦痛與徬徨，皆為助我等成長之力量。

◈ 積極應對：從逆境中化解失敗

若有一人於逆境之時，仍能堅定不移地向前邁進，則此人必不會墮入失敗之境。因此，面對困境時，吾等應當秉持積極之心，細心探尋問題之本源，隨後果斷施行諸多對策以求解救，使失敗在我等樂觀之態中一一化解。

◈ 苦難的力量：偉大作品的誕生之源

貝多芬在其雙耳失聰之際，正值悲痛之時，竟創作出偉大的〈命運交響曲〉；席勒在病痛之中，掙扎不已，反而撰寫了其生平中最具價值的兩部著作；米爾頓在失明之後，亦寫下了經典之作〈失樂園〉。因此，班揚曾言：「若苦難是合宜之事，吾寧願祈求其更多降臨，因而我將獲得更多之幸福。」

◈ 挫折激勵潛能：動力成就卓越

人類本性中蘊含著懶惰，唯有找到內在動力，方能全力以赴地投身於事務之中。努力之成果之所以各異，乃因動力之強弱不一。在當今社會，諸多領域皆有成就卓著之人士，而其成功多賴於曾遭遇的一系列挫折與困境。正是那些磨難的激勵，使他們得以展現出潛藏的七成以上之能力。若無那些艱難，或許連發揮出二成潛力的機會都將無從談起。

◆ 戰勝不幸：昔日傷痕化為未來的勝利

昔日之種種經歷，或許對你而言，是一頁頁創傷之痕。你曾懷雄心壯志，渴望成就偉業，然不幸未能如願；你為所愛之人傾心付出，所得回報卻是其無情離去；你勤勉工作，然因微小之失誤而失去職位；你曾怨嘆生不逢時，因前途黯淡無光。若今你確實遭遇諸般不幸，切勿屈服亦勿放棄，唯需堅信，勝利將不遠而至，向你招手。

◆ 掙扎的昇華：如蝴蝶破繭般的成長

人之成長，猶如蝴蝶脫繭之道。在苦痛之掙扎中，意志得以鍛鍊，力量得以增強，智慧得以提升，生命在苦痛中得以昇華。當我們走出痛苦之時，便會覺察到，已然具備翱翔之力。若無挫折，則或許如那些受助之蝴蝶，雙翼衰弱，平淡度日。

◆ 磨練成長：風雨造就強者

未曾受風雨侵擾之禾苗，無法結實飽滿；未曾歷經狂風之雄鷹，無法翱翔高空；未經戰爭之磨練者，無法晉升為元帥；未受上司之考驗者，無法提升其業務才能……這是自然界與人類社會所揭示之簡明道理：凡生物或人欲求強大，必須經歷磨練。

人生無畏，輸贏由心

本文闡述了挫折與磨難在人生成長中的積極意義，強調逆境是激發潛能、鍛鍊意志與成就卓越的關鍵力量。文章以貝多芬、席勒、米爾頓等偉人的例子表明，苦難是偉大作品的誕生之源，並提醒我們努力的成效取決於動力之強弱，困境則是激發內在動力的催化劑。即便昔日傷痕令人痛苦，堅定的信念與不屈的精神能將挫折轉化為未來的勝利。人之成長如蝴蝶破繭，唯有經歷掙扎，方能翱翔於高空。未受磨練者難以強大，正如禾苗需經風雨方能飽滿。文章最終指出，挫折並非阻礙，而是人生進步與昇華的必要階梯，唯有在困難中堅持不懈，方能實現生命的價值與榮耀。

成功一定有方法，失敗一定有原因

無論是智力勞動者或是體力勞動者，皆會在生活中遭遇不幸之打擊；無論是農夫或是藝術家，凡是在生活中奮鬥者，皆需經歷挫折之洗禮，方能實現其初衷之夢想。而欲克服此途之坎坷，必須擁有堅持不懈之精神。故無論職業如何，處境何等艱難，皆需勇敢面對，以堅持不懈之精神將困難擊潰，最終達成心中理想。試於心中樹立激勵之標語，每當遭遇不順，便以持之以恆之精神自勉。最終我們將發現，自己確實征服了困難，向著光明之道邁進。

◆ 跌倒後站起：成功的關鍵精神

於跌倒之際，無需怨恨天意或他人，當應速速起立，於跌倒之地重啟新程。

在溜冰場之上，一名七歲的男孩以其嫻熟的溜冰技藝吸引了眾人的目光。有人詢問他如何習得這項技藝，他輕描淡寫地回應：「其實很簡單，每次跌倒後立刻再站起來！」誠然，個人若欲求得成功，團隊若想贏得勝利，正是需具備此種精神。跌倒並非失敗，唯有在跌倒後不再站起，方才是真正的失利。

◆ 承受挫折：人生道路的廣闊延續

於人生之途，若能承受一切之挫折與波折，化解所有之艱難與不幸，則我等必能延續生命之長久，且人生之旅將愈加順遂與廣闊。

◆ 從跌倒中汲取力量：痛楚化為動力

跌倒之事，非所恐懼，然在於我等如何應對此境。如若我等無法承受跌倒之打擊，沉溺於悲觀，則此跌倒乃成為我等前行之障礙與精神之重擔。然若我等將跌倒視為心靈之財，將其痛楚化為向前之動力，則此跌倒便是難得之良機。

◈ 危機的啟示：從倒地到重生的瞬間

危機如同雷電，瞬間可使人失去意識，令其倒地。然而，待其甦醒，仍然能屹立不倒，此時雷霆早已無影無蹤。那些在跌倒後仍願抓起一把沙子的人，必將領悟重振旗鼓走向成功的真理。

◈ 困境喚醒潛能：奮鬥造就真正的力量

在絕望的境地中奮鬥，能夠激發人們內心深藏的潛力。若林肯未曾經歷貧困之磨練，其求學與工作皆順遂無礙，或許他不會成為眾所周知的總統。若他所遭遇的一切均能順利進行，便無須在困境中竭力打拚，也就不會有機會迎接一系列的逆境挑戰。戰勝困難的努力，能夠喚醒我們內心的潛能，擴大我們已有的力量。未曾經歷此等奮鬥者，實難發現其真正之能力。

◈ 精神的壯大：挫折中的自我崛起

一位文人曾言：「承受苦難之際，乃是精神自我之壯大。」每一位明智之士及志向高遠者，皆不宜於挫折與失敗之前退縮、沉淪，反而應於此中崛起、抵抗。唯有在挫折與失敗之中不斷自我奮發，方能促進人之精神邁向理性與成熟。

◈ 失敗是階梯：從教訓中邁向成功

失敗並非可怕之事，真正可怕者乃是跌倒後不再振作，因一次失敗而不敢再追求成功。須知，唯有坦然面對失敗，並從中汲取教訓，失敗方可顯得有意義，成功亦隨之而來。失敗乃是通往成功巔峰之階梯，然非人人初始便能明瞭此理。唯有經歷失敗，方能察覺不足，進而獲得提升。

◆ 痛苦覺醒力量：揮手克服，重整旗鼓

吾之力量，唯有於被戳刺、遭受痛苦之時，方能覺醒。是故，儘管遭遇失敗與挫折，吾等須在精神上克服之，勿將其視為重負，輕輕一揮手，重整旗鼓。如此，成功終將降臨。

人生無畏，輸贏由心

本文闡述了成功與失敗的本質區別在於對挫折的態度與行動，並強調跌倒後重新站起的重要性。成功並非僅靠運氣，而在於堅持不懈、從失敗中學習和汲取力量。挫折並不可怕，真正的失敗在於跌倒後不再振作。林肯的故事表明，困境能喚醒內心潛能，造就真正的力量，而文人名言則揭示承受苦難能促進精神的壯大。挫折如階梯，引領人從教訓中邁向成功。唯有以堅韌與信念面對失敗，並將痛苦化為動力，重整旗鼓，方能走向成熟與卓越的人生。成功一定有方法，而失敗只是過程中的墊腳石。

被火燒過，才能出現鳳凰

人之常情，難免犯錯，亦難避曲折之途。然而，若因錯誤而自責，乃自我反思之表現，且為修正之序曲。經過此自責，方能於日後之人生道路上行得更為穩健而順遂。然若因此而沉淪、自棄，則實乃愚者之行。昔日已逝，既然牛奶已然打翻，何必再徒然耗費時光與精力為之哀哭乎？

◆ 智慧的清醒：不被世俗讚譽俘虜

若你因為為了迎合多數人而產生的行為感到不安，則可見你乃明智之士。明智者不會淪為世俗讚譽的俘虜。切勿對世俗之人所創造的奇蹟表現出濃厚的興趣，因唯有愚昧者方會為之所動。世俗之人對於真正的智慧往往視而不見。

◆ 責任的抉擇：否認與自省的分野

在常理之中，眾人解決難題有兩途：其一，否認自身之過失，將問題推給他人；其二，持續自省以尋求補救之道。負責任者，或未來能擔當更大責任者，必然選擇後者。

◆ 超越偏見：從自省中洞察自我

凡事皆應自省，他人所遞之稻草無法承載每個人的重擔。若專注於他人之缺陷，則無法察覺自身之可怖汙點。不妨靜心自問，方能洞悉自我，超越主觀之偏見，從而尋得解決問題之契機。

◆ 開門反省：與他人互動以改進自我

閉門反省不如開門反省。若一人將自己封閉於狹隘之境，專注於自身錯誤，則難以獲得準確之見解，因為其參考之資料實在稀少，僅憑個人之空想無法得出真知。何不打開大門，與外界互動，向他人請教自身之過失，然後透過學習他人之經驗教訓，認真總結，以求改進。由此可見，開門反省確實優於閉門反省。

◆ 行動優於空想：成為問題的獵者

人之所以常犯諸多錯誤，主要在於思慮過多而行動不足。吾人應當成為問題之獵者，而非其獵物。首先，須於問題尚在萌芽之際便將其剷除，而非待其發展至無法收拾之時匆匆應對。其次，需習得提出問題之道。優秀者常能主動辨識問題，並在發現之際迅速採取行動以解決之。

◆ 反思的力量：透過自省成就更好的自己

反思如同一面明鏡，能將我等之過失顯露無遺，給予我們修正之良機。

每於夜晚初臥於床，當思索今日之所行，有何不當之處。

每當問題出現之際，應首從自身著手檢視，探尋有何不妥之處。

常當對自身進行深刻的內省。

人生無畏，輸贏由心

本文闡述了自省與行動在個人成長與改進中的重要作用，強調錯誤與挫折是進步的契機，而非終點。人難免犯錯，智慧在於不沉溺於過去的遺憾，而是透過自責與反思找到改進之道。責任感與自省能幫助個體洞察自身缺陷，避免將問題推諉他人。文章提到，開門反省優於閉門反省，向他人請教並吸取經驗能有效改進自我。此外，行動重於空想，須及時辨識與解決問題，將反思化為具體行動。唯有接受錯誤、主動修正，方能如鳳凰涅槃般，在磨練中重生，迎來新的開始與成長的可能性。

第六章

拒絕投機，無懼機會缺乏，唯恐未有備而來

機會不是石頭，隨便可以撿到

成功之者，能於平凡境遇中洞悉良機，繼而成就自我。善於辨識與利用機遇者，如同播種者，播下種子，待未來之日，這些種子將扎根發芽，化為蒼天巨木，給予把握機遇者更多的良機，令其更接近真理與幸福。踏實勤勉之人，終將走上坦途，獲得機遇之可能性更為廣闊，所有道路皆以開放之姿迎接之。透過這些途徑，彼將循序漸進，邁向成功。

◆ 卓越的判斷力：古德與自動聯結器的成功

查爾斯·古德是一位水牛城的收藏家。某日，斥資五百美元購得一自動聯結器之專利。當時美國已為七十餘種異型汽車之自動聯結器授予專利，然而直覺告知古德，此專利迥異於他人。故古德果斷購得此專利，並向發明者保證，他可於其工廠任職，且簽訂契約。古德之判斷力卓越非常，凡能把握機遇，必將不惜一切付諸實踐，直至成功。不久，他的工廠便開始大規模生產此自動聯結器。

◆ 機會與努力：進取精神帶來成功

機會青睞那些積極進取、勇於挑戰的人，並樂於為此奉獻。在機會面前，個體須具備打拚與堅持不懈的精神，充分發揮自身潛能。捕捉機會乃是一個逐步累積優勢之過程。勤奮與細心的累積為尋找機會之最佳途徑，當我們具備了相應的知識與能力，機會便會意外降臨。

◆ 敏銳洞察力：從瑣事中發現大機遇

一位具備敏銳洞察力之人，常能更為輕易地捕捉良機。19世紀的英倫物理學家瑞利，便是透過日常觀察而得其啟示。當時，他察覺於茶碟盛載茶水之際，茶杯在其上滑動與傾斜，偶爾甚至灑出些許茶水。然而，若茶水稍微溢位，弄溼茶碟，茶杯便顯得不再輕易滑動。瑞利對此進行了深入探討，實施了諸多類似實驗，最終推匯出一種摩擦計算之法 —— 傾斜法。然則，提倡培養敏銳之洞察力，關注周遭瑣事之重要性，並非意在令眾人目光局限於「小事」，而在於於「小中見大」、「見微知著」。唯有如此，方能獲得更多發現機遇之契機。

◆ 機會無處不在：於日常中提升修養

機會潛藏於每一種自信的表現之中。每一次的教導皆為機遇，於大學校園中的每堂課與每場考試亦然，報紙中任一篇文章同樣是機會，每位顧客與任何生意皆為機會，甚至每一次的疾病對我們而言亦為機會。這些機會使我們能夠提升修養，增強氣質，變得更加誠懇踏實，並且結交更多的友人。

◆ 推銷與自我展現：千里馬須自尋伯樂

在掌握自身人生之際，吾人不僅需為積極之創作者，更應為稱職之推銷者。伯樂識才，乃個人成長之良機，故應主動向社會、同行及伯樂展現己之才能。世間雖有千里之馬，然伯樂卻稀有，蓋因伯樂常顯於明，而千里馬多潛於暗，且伯樂亦受限於精力、智慧、時間、地位、資訊獲取及活動範圍等諸多因素，故即使其目光卓越，亦難以盡識天下人才。是以，千里馬須勇於邁入社會之舞臺，廣泛展現其才華，以成就為敲門磚，敲開伯樂之門。

◆ 樂觀視角：銷售者眼中的非洲市場

兩位來自歐洲的銷售者前往非洲販賣皮鞋。因為當地氣候炎熱，非洲人習慣赤腳行走。第一位銷售者見到當地人皆無鞋可穿，心中失落，遂黯然返回歐洲。

另一位推銷者見此情景，心中大喜：「這些人皆無皮鞋可穿，此地的皮鞋市場確實廣闊無垠！」於是他設法引導非洲人購買皮鞋，最終獲得了巨額利潤。

◆ 行動創造機會：等待的危險性

不輕易放棄機會之人，方能見得機會之所在。使得等待機會成為習慣，實乃危險之舉，因為人的熱忱與精力，皆在此等待中消逝。對於那些不肯努力，僅知胡思亂想者而言，機會乃可望而不可及。唯有那些踏實而奮發向前之人，方能發現機會。機會的降臨常常充滿偶然，隱藏於我們日常之行為之中。無論從事何種職業，皆有機會存在。

◆ 機遇的條件：心態與敏銳觀察力

機遇乃一種不可或缺的社會資源，其降臨之時常常伴隨嚴苛之條件，且極為稀罕。對機遇之掌握至關重要，必須具備發散之思維，設定靈活之目標，交往之方式應當開闊，意志則需堅定，心態應具協調性。這種協調性展現在強烈之好奇心、求知之欲、敏銳之觀察力與準確之判斷力。

◆ 時機的成熟：善於把握事物臻於完美之境

世間事物皆有其成熟之時，然在此之前，皆需不斷滋養。當事物抵達完美之境，增長之勢便日漸減弱。高雅之人能於事物臻於完善時，得其樂而享之，然非人人能識此良機，即便能識，亦非人人懂得享受。智者之果實具備此至高之成熟，須善於把握時機，方能得其所用。

◆ 恰逢其時：審時度勢，抓住關鍵時刻

於最恰當之時，行最該行之事。把握機會需審慎觀察時勢，某些行為若於時已逝而為之，則效果不彰；而某些行為若於時

未至而急於行之，亦難以奏效。成就大業者之所以能夠成功，非僅因其擁有更豐富之成功經驗，或更大之勇氣與膽略，最為關鍵者，乃在於其善於把握機會，若一旦察覺機遇，便能緊緊握住。

◆ 靈活應變：從分析到突破，掌控時機的三大關鍵

當面對時機之變，機會亦隨之而變，故而我等需具備靈活應變之能力，以隨時把握機會，應可從下列三個方面入手：

1. 對於環境變化之種種因素，應當進行客觀之分析與理解。

2. 對於由各種因素變化所引起的形勢發展，必須進行正確的預測與分析。

3. 於分析之根基上，尋求突破限制之契機。

人生無畏，輸贏由心

本文深入探討了如何發現與把握機遇，強調行動力與洞察力在成功中的核心作用。機會並非隨手可得，而是留給那些積極進取、勤奮努力並擅於觀察的人。文章以古德購得專利的故事，展示了卓越判斷力的重要性；以瑞利的日常觀察啟示，闡明「見微知著」的敏銳洞察力；並透過非洲銷售者的案例，強調樂觀視角對抓住機會的影響。機遇隱藏於日常行為中，等待的危險性在於消磨熱忱與精力。

把握機會需要發散思維、堅定意志與良好心態。文章最終指出，時機的成熟與行動的果斷密不可分，唯有審時度勢、靈活應變，方能在關鍵時刻抓住機遇，邁向成功。

不怕沒機會，就怕沒準備

機會對所有人而言皆為公平，然其更偏愛於那些有備而來者。因為機會之資源有限，倘若施予一無所備者，則實為浪費；而若予以一位準備充分且表現卓越者，則乃是合理利用資源及增進其價值。缺乏準備者多為錯誤頻出，因為未經準備之行動，必然使事物陷入混亂，最終面臨失敗之境。

◆ 運氣與努力：勇者跨越幸運之門

運氣自有其法則，對於智者而言，成功並非全賴機遇，唯有勤勉的實踐方能保護運氣。有些人懷著希望徘徊於幸運之門之前，期待門內之人能打開大門。而另一些人則更為進取，憑藉勇氣與細心，跨越幸運之門，依賴美德與勇氣在門內追尋機會，最終獲得其果。

◆ 細節中的品德：愛心成就機遇

一所幼稚園正在物色教師，在眾多求職者中，唯有一人成功通關，其緣由在於一個微小的細節 —— 眾人攀登樓梯時，唯有她為一位站立的小男孩拭去鼻涕。因其蘊含愛心，故能洞察孩童之需求，此乃幼稚園教師所需之基本素養。個人修養常在不自覺中彰顯其力量，而那些平日不注重修練品德者，往往在機遇降臨時顯得極其拙劣。

◆ 危機中的韌性：完美之擊源於蓄勢

完美之擊常自充分之蓄勢而生。若具此能力，便不致於緊張，亦無難以應對之突發狀況。有些人思慮良多，然行事常失；有些人無所主見，然始終能達其目標；有些人韌性卓絕，越是危急之時，其能力反而愈顯。

◆ 謹慎迎接機遇：蘋果成熟時的道理

蘋果樹上的果實，只有在成熟之際方可採摘。若於其青澀之時便加以摘取，則非但損害蘋果，亦損及其樹。有時，偉大的事業降臨於微小之人，僅在瞬息之間，若錯過此刻，則難得再來。然而，機會有時顯得誘人，然實則其中多為遙不可及之美好。當機遇向我等走來時，應以謹慎之手迎接，而非草率之舉。

◆ 勤勉與品德：累積能量成就未來

有修養的青年、節儉而充滿朝氣的技術工人，以及那些在辦公室中瑣事繁忙者，他們的未來必將愈加光明，且能超越他人，成就斐然，因為他們在從事這些工作時，正是在累積自身的能量。對機會的把握猶如在土壤中播下種子，不僅自身能夠獲得豐收，亦使他人受益。每位勤勉誠摯之人，他們的工作為後人提供了極大的便利，並使這個團體不斷壯大。

◆ 捕捉靈感：讓生活與事業熠熠生輝

機會常與靈感相伴而生，而靈感猶如風，無影無形，唯有捉住它們，方能使我們的事業與生活熠熠生輝。故此，我們應依循以下準則行事：

1. 應隨時將新思維記錄下來。隨身攜帶一本小冊，將突如其來的靈感記於紙上。

2. 常常反思我們曾經擁有的構思。當翻閱我們的筆記時，一個新的靈感便會在回顧中閃現。

3. 持續總結、探尋、完善我等的創意。將相關問題相互連結，整合重組亦可孕育出宏大的策劃。

◆ 遠見與堅持是通往成功的關鍵

幸運之神必將眷顧世間每一個生命，然欲把握良機，需具備若干條件：

首要者，需具遠見卓識。不可如鼠之目，只見樹葉而忽視整片森林，斯乃不可行之道。

其次，必需持之以恆。堅定不移的決心與不屈不撓的信念乃是獲取物質與精神財富之必要條件。卓越的成功者能夠洞察時機，掌握機遇，並付諸實踐，使之化為現實的財富。

人生無畏，輸贏由心

本文闡述了成功與機會的關係，強調機會對於有準備者的偏愛，並解析如何累積實力與品德以迎接機遇。機會並非隨處可得，唯有勤勉努力與積極準備，方能抓住轉瞬即逝的良機。文章指出，運氣常青睞勇於實踐且細心準備之人，真正的成功來自於勤奮的努力與累積的修養。此外，文章以細節中的愛心、韌性與謹慎為例，展示了品德與態度在機會降臨時的重要性。唯有具備遠見與堅持，以靈活應對、善於發現靈感，方能將潛在機會化為現實成就，並開啟更加光輝的未來。

學得越多，機會越多

許多年輕人常常放棄那些能使其提升、獲得知識的小機會，因為他們總在期待更為宏大的機遇。他們任由時光流逝，卻未曾付出特別的努力以求進步，直至中年或更遲之時，方被殘酷的事實所喚醒。那便是，他們對本應了解的事物依然一無所知，為此感到無比懊悔。

◆ 新思想的力量：揭示內心潛力

掌握新穎的見解，接觸最新的思想，不僅能夠賦予我們獨特的個性魅力，更在相當程度上，能夠揭示出我們內心深處潛藏的精神力量。

◆ 持志求知：立志求學免於無知

首要之務乃為立志持續求知，且此志需堅定而充滿活力。如是行之，則可成為博學之士，免於因無知而蒙羞終老。

◆ 態度轉變：求知提升思想深度

當你對世界之態度有所轉變時，你將驚覺整個世界皆隨之改變；當你立志持續求知後，你將驚訝於自身思想將迅速獲得實質之提升。以你渴望賺取金錢或學習技藝之決心，持續汲取知識，不斷進步。

◆ 成長的渴望：不可壓抑的內心追求

於所有理性之人之中，皆蘊藏著一種神聖的渴求，乃是對於自我之擴展之渴望，對於成長或成熟之渴望。當心，毋使此源自天性的自我表現之渴求受到壓制。

◆ 知識的邊界：每日突破無知疆界

人生之目的，乃在於成長與發展。每一日立志，擴展視野，推動無知之疆界至更遠之處，使所掌握之知識日益豐盈，智慧愈加卓越 —— 此種志向，方顯其珍貴之所在。

◆ 世界是學府：發現知識的祕密

世界乃一所宏偉的學府。在此，萬物皆能啟迪我們，傳授深邃之祕。某些人始終沉浸於學習之中，時刻吸取珍貴的智慧。他們能從每一件事中汲取知識。而這一切皆賴於我們是否具備洞察知識之眼，以及是否擁有發掘知識之智。

◆ 觀察的藝術：超越表面洞察細節

少有人致力於掌握眼睛的運用。他們遊歷四方，卻僅能洞察事物表面的膚淺；他們的視力如此黯淡，以至於未能捕捉事物的關鍵細節，腦海中亦未留下深刻的印象。

◆ 眼睛與大腦：觀察是智慧的素材

大腦如同一名「囚徒」，其永遠無法觸及外界。它所獲取的資訊皆源自其「侍者」，即諸多感官，賦予大腦以素材，而其中相當一部分乃是眼睛所捕捉之影像。那些擅長觀察之人，實則運用其雙眼以洞察事物。

◆ 觀察的訓練：父親的教育方式

我曾遇見一位父親，他致力於培養其子之觀察力。此父親常將其子送往一條陌生的街道，令其在此逗留一段時日。待其子歸來，此父親便會提出諸多問題，以檢驗其子所觀察之事物。此父親亦會帶其子至大型商店之櫥窗、博物館及其他公共場所，然後在其子回家後，以此法測試其對所見事物之回憶與描述。此父親言此練習乃是培養其子主動觀察之習慣，而非僅僅是簡單地凝視。

◆ 觀察與精確：阿加西教授的啟示

在哈佛大學，有一位傑出的博物學家，名曰阿加西教授。當新入學的學生來求見於他時，他會贈予其一條魚，令其於半小時或一小時內仔細觀察。隨後，學生需將所見之事詳加描述。然當學生自以為已經將魚的所有特徵悉數表達之後，教授則會告訴他：「你尚未真正看清這條魚。再花些時間觀察，然後告訴我你所見。」此過程將重複多次，直至該學生培養出敏銳的觀察力為止。

◆ 疑問的力量：羅斯金的豐盈心智

若每一位個體皆以疑問之態度生活，保持警覺，凡事皆需探詢，那麼我們便能獲取無比豐厚的精神財富及超越一切物質之智慧。羅斯金的心智因觀察鳥類、昆蟲、牲畜、樹木、河流、山脈、落日與自然風光而愈加豐盈，因對歌聲、雲雀與小溪的回憶而充實。他的腦海中儲存了成千上萬的畫面——油畫、建築、雕塑等諸多豐富的素材，令他能隨意複製這些畫面。在羅斯金追求思想的光輝面前，萬物皆為他所開啟。這種從他物中汲取各類訊息的習慣，乃是無價之寶。

◆ 持續學習：智慧來源於資源的累積

持續學習並不必然意味著必須花費數年光陰於學校之中。那些受過卓越教育者，始終在不斷地學習，從各種可能的資源與機會中汲取智慧。

◆ 零碎時間的利用：青年觀察者的啟示

有一位青年，彼以觀察之習慣為常，或於口袋中藏書，利用零碎之時光以閱讀，或選修函授課程，因而得以獲得超越眾多大學生之更優教育及更豐厚之文化知識。

◆ 學習的點滴累積：大財富的祕密

眾多孩童未曾將其硬幣與低面值之零錢妥善保存，因其不知此等累積將轉化為巨額財富。與此類孩童相似，許多人亦未能洞察每日點滴之學習，實為大學教育之優良替代。

◆ 閒暇與成功：自助者，天亦助之

宜銘記於心，閒暇之際，蘊藏著無窮的財富。若能深刻領悟此理，便可將其視為一項巨大的成功資本。若你能不斷尋求自我提升，抓住每一個機遇，以備未來更美好的成就；若你能堅定決心，致力於成為有所作為之人，且嚴肅履行自己的諾言，諸般努力必將助你一臂之力。

自助者，天亦助之。

人生無畏，輸贏由心

本文強調了持續學習與觀察的重要性，指出知識的累積與運用能帶來更多機會與成就。許多年輕人因忽視日常小機會而錯失成長，最終遺憾無知的局限。學得越多，機會越多，掌握新思想與持續求知能揭示內心潛力，推動人生進步。文章以阿加西教授的訓練和羅斯金的觀察為例，展現了敏銳觀察力與主動探詢的重要性。持續學習不局限於學校教育，而在於善用零碎時間和日常資源汲取智慧。點滴學習如同硬幣累積，終將轉化為人生的大財富。唯有抓住每一個成長的機遇，不斷提升自我，方能真正開創成功之路。自助者，天亦助之。

一本好書，千萬種力量

最低之風險與最高之收益之投資，乃是對智慧之修習。然則，個體不可能遍讀所有書籍後再行生計，然一旦步入職場，若能有的放矢地持續進修、汲取知識，方能不斷累積經驗，強化己之長處。學習非無序之事務，而乃系統之過程，其運作遵循一定之理，所作之選擇受既有經驗之影響。唯有掌握知識，方可操控命運與財富。

◆ 求知的價值：人生最安全的投資

不斷求知，乃人生之態度、精神與整體視野。學習應為個人一生中最為關鍵之投資，亦是伴隨終生之最有效、最具價值、最為安全之投資。富蘭克林曾言：「花費金錢以求知識，乃是獲益無窮之投資。若有人能將所有金錢裝於腦海，則絕無人能將其奪走！」

◆ 閱讀的啟迪：書籍激發潛藏的潛能

富蘭克林幼年之際，曾閱馬西爾之《論行善》，自此其一生皆受此書之薰陶；德魯則言，雷馬魯斯《理性論》使其自沉睡中覺醒，決意摒棄過往卑劣之見。眾多人士之生涯，無論成敗、榮辱，實皆受到書籍之深刻影響。閱讀之目的，非在於銘記書中之言，而在於從中獲得啟迪。一本佳作猶如火柴，能點燃我們生命中休眠之潛能，激發潛藏之偉大思想。

◆ 書籍的多元視角：洞察世界與自我

於各類著作之中，我們常能發現共鳴或新穎的見解，深有同感。譬如，在愛默生的著作中探尋新奇之思，於莎士比亞的作品中領略人生之缺憾，或在荷馬的史詩中體悟前所未有之歷史震撼。這些皆為促進我等成長之訊息，此世乃多姿多彩且多元化者，然日常生活或難以全面接觸，然則透過書籍，吾人得以從多方視角洞悉更為豐富之世界，愈加清晰感知我等之長處，亦能察覺短板，填補不足。

◆ 專業與進取：掌握行業的深度知識

今之社會，若只知其表，不知其理，必將艱難度日。無論欲於何行業中獨占鰲頭，皆需對該行業之各個方面有全面而深刻之了解與研究。無論所從事之職業為何，皆應常懷進取之心。

◆ 閱讀的意義：與古人共思，馳騁思想

人類所思所行所感之事，皆可在書籍中尋得其蹤影。歷史悠久之流轉、國度之興衰、城邑之興廢，皆在書中有所闡述，並世世代代相傳，銘刻於人們心中，深刻影響著不同歷史時期之人。閱讀使人之心智得以接觸千年前之智慧，促使人們與古人共思，啟發靈感。更為重要者，閱讀為人類思維提供了廣闊

之場域，使其能夠自由馳騁，獲取最為有益之知識。

◆ 閒暇的價值：踏實行動充實自我

一人的閒餘時光所為，乃其未來成就之關鍵。有人於閒暇中沉溺於娛樂，虛度年華，終究錯失人生；而他人則善用此時，持之以恆地充實自我，最終獲得輝煌成功。若總是志向高遠，反而會使年輕人失去前行之力，沉溺於空想之中，不如踏實做好眼前之事。於閒暇時學習，將珍貴之時光用於自我充實，汲取知識，終有一日，這些累積已久的智慧與財富，必將使你的人生變得絢麗多彩。

◆ 讀書的藝術：廣泛涉獵、獨立思考

讀書乃滋養心靈、提升自我的有效途徑，然則讀書亦須講究其法。

1. 研習書籍需廣泛涉獵各類學科，汲取眾多長處。多方面的學問之探討可開啟廣闊之思維。

2. 勿成書籍之奴隸。若一味死讀書籍，其所讀之書愈多，愈易陷入愚昧之境。

3. 讀書須有取捨。當以那些經歷時光沉澱與篩選之名著為主。

◆ 站在巨人肩上：向前輩、同行與摯友學習的實踐法則

有些人之所以能獲得成功，乃因其立於偉人之肩。我們亦

可效法那些成就卓越者，站在巨人的肩上，為己設定更高之志向。

首先，應向前輩求教。前輩通常具備卓越之才。其次，應向同行學習。我們定能在同行之中發現他們所擁有而我們所欠缺的專業技能。最後，應以朋友為師。摯友既是助益之友，亦可作為良師。

獲得成功之道的最有效途徑，乃是仰賴於那些已然成功之者的智慧，模仿其行為以達成自身之成就。

人生無畏，輸贏由心

本文探討了讀書與學習在個人成長與成功中的重要性，並指出效法偉人智慧的重要方法。讀書是滋養心靈、提升自我的最佳途徑，但需掌握正確方法，包括廣泛涉獵、獨立思考、精選名著等，從中啟發思想、填補不足，並深入掌握專業知識。文章強調，知識累積如同在業餘時間中堅持學習，最終將轉化為智慧與財富。成功之道還在於效法卓越者，從前輩、同行與摯友中汲取經驗，站在巨人的肩膀上，以更高的志向與實踐行動實現自我突破。學習與模仿偉人的智慧是通向卓越的有效途徑。

門門皆通，往往是樣樣不通

擁有一項專門技藝，無疑比擁有十種雜念更具價值。專精之士，無論何時何地，皆在此道上勤奮求進，時刻努力彌補自身之不足與弱點，力求事物完善無缺。而那些心思分散之人，則忙於應對各種事務，既需顧及此事，又需兼顧彼事，因而精力與心思皆無法集中，最終所能達成者不過「尚可」而已，結果自是無所成就。

◆ 專業成就品牌：精湛專業帶來不可替代性

專業乃品牌之保障。若你能於數十年中持續從事同一事務，則必能將之做得精湛，於此領域便可擁有發言權，並具備他人無法取代與超越之處。如此，你便能在此領域站穩腳跟，成為成功之人。

◆ 專注與精力：一技之長勝於廣泛涉獵

人之生存與精力皆有其限度，故不宜制定耗損性的生活藍圖。追求卓越在於質的提升而非數量的堆積。與其淪為博學者，成為世人所稱的「通才」，不如專注於某一領域，於其所長中超越常人，具備一技之長乃成功之關鍵資本。

◆ 質勝於量：專注成就卓越

卓越乃在於其品質，而非數量之多。世間無完美之物，人亦然。那些自詡博學多才者，實則常常事事不通，唯有學業之深厚，方能獲得豐碩之果實。若能於重大之事上專注且精進，必然能夠獲得良好的聲譽。

◆ 目標專一：專注所長是成功的科學方法

善於成就一事者，必須專注於其發展，而非分散於多元之途。許多人涉獵於多個領域，學習各種知識，然其競爭力卻未見顯著。目標雖多，但欲求皆無，最終無一事能達至最佳，這樣之人實則缺乏核心之競爭力，亦即無自身之強項。專注於發揮所長，方能不致於力量分散，堅定於一專之領域，乃為發揮自我能力之最科學方法。

◆ 無悔人生：追隨熱愛，創造價值

人應如何度過其一生，以免心生悔恨？實則只需遵循兩項原則：

1. 追隨己之所愛，專精於此，方可成為該領域之大師。

2. 設法從中獲取利潤。

人生無畏，輸贏由心

本文強調了專注與專精在個人成長與成功中的重要性。與其分散精力於多個領域，追求廣而不精，不如專注於一技之長，將其做到極致。專業是品牌與價值的保障，專精於某一領域能讓人擁有不可替代性與發言權。成功的關鍵在於追求質的提升，而非量的堆積。分散目標和精力會削弱競爭力，而聚焦於所長則能提升核心價值。唯有專注於所愛之事，並持之以恆地提升自我，方能在該領域實現卓越，避免悔恨，最終創造出獨一無二的價值與成就。

安心做好眼前事，哪怕你並不喜歡

每一位追求事業之人，皆應從微小之事著手，逐步累積其經驗。即便如今所任職為洗碗工，亦需以嚴謹之態度面對此項工作。譬如，欲成就保險行業佼佼者，初始之際必需擔任一名初級業務員，以熟悉各個層面及階段之業務。唯有如此，方能在未來勝任更高之職務。

在初入職場之際，若你的薪資未能令你心滿意足，則切勿氣餒，應當自勉更加勤奮與求知。隨著時間的推移，你將察覺自身能力之提升，而薪資亦將隨之水漲船高。

◆ 服務的核心：以誠懇與禮貌贏得顧客信任

在商店中，工作的員工須具備對顧客的誠懇與禮貌之態度，所有商店之主皆渴望擁有此類員工，因為此等員工最受顧客之愛戴，商店之生意亦因此而興隆。作為店員，應明白每位踏入商店的顧客皆應得到應有的重視，顧客是否購物，乃其自由，店員不可強迫推銷商品。無論顧客之購買意願如何，店員皆應以禮相待。

◆ 工作的價值：勿將工作視為苦役

每日早出晚歸者，未必皆為盡心竭力之人。對其而言，日常之勞或許僅為負擔、逃避或苦役。他們不願為此付出更多，亦未將工作視為成功之契機。實則，無論何時，我們皆不可對工作心生厭倦，或將其視為苦役，因工作常蘊含機遇。

◆ 態度決定意義：於乏味中尋找興趣

即使在選擇職業時出現了瑕疵，所從事的工作並非所熱愛之事，然則應當竭力探尋於此乏味之職中尋找興趣。須知，任何一項工作皆不可能完全無意義。對於工作的正確認知，與對工作的積極態度，皆可使得任何職業變得有意義，並轉變為輕鬆愉快之事。

◆ 工作是成長的學堂：超越薪資的眼界

工作可解決生存之需，然於工作中所獲之鍛鍊，尤為珍貴。若僅將工作之意義界定於填飽肚子，則其價值必將大為減損。各位青年應銘記，當你們步入職場之際，毋須常常思量薪資之高低，應更當關注工作本身所賦予之回報，如發展潛能、增進經驗、提升自我之尊重。工作乃成長之器，而企業則是我等之學堂，唯有放下薪水之重擔，方能全心投入工作，不斷於現有職位中成長。

◆ 使工作愉快：設立目標與承擔責任

即便你對現今所從事之職業懷有極大的厭惡，亦不應輕言放棄。然則，有些方法可使工作變得愉悅，或可思考因從事此工作而獲得之報酬，使你能享受購物之樂趣。你可培養新的嗜好，此乃工作之外之新目標。應在工作中設立具體之目標，因為此目標乃使工作愉快之良方。

◆ 責任與態度：晉升與重用的關鍵

勇於承擔責任者，其心懷責任之員工，對於職務之態度乃是積極而負責。他們能將工作的目標與結果相結合，為了實現目標，竭盡所能。然缺乏此心者，對工作則常顯消極被動，僅機械遵從命令，對結果無所負責，故難以獲得晉升與重用。

◆ 無輕視之職：勤勉創造改變命運的機會

世間無有可被輕視之職，也無無價值之業。只要勤勉地工作與創造，任一職位皆蘊含改變命運之機會，關鍵在於你如何對待自身之工作。那些唯注重高薪而不知應承擔責任者，對己或對僱主皆無益處。

人生無畏，輸贏由心

本文闡述了工作態度與責任心在職場中的重要性，並強調無論工作是否符合個人興趣，應以正向心態對待。任何職位都有其意義與價值，關鍵在於如何用心對待，從中尋找成長與提升的機會。薪資雖重要，但更應注重工作的鍛鍊與潛力的開發。文章指出，負責任的態度能贏得上司的信任與重用，而心存厭倦或僅為應付的工作態度則會限制發展。工作本身是成長的學堂，能賦予我們經驗、自尊與技能的提升。無論職位高低，只要以勤勉與責任心投入其中，便能創造改變命運的機會。

將簡單之事妥善處理，實乃至高之複雜

失去一枚釘子，便致使一隻馬蹄受損；馬的鐵蹄受損，遂使一匹戰馬折損；戰馬折損，傷及一位騎士；騎士受傷，導致一場戰役的失利；戰役失利，乃至於一個國家的覆滅。那微小的釘子，本是微不足道，然其最終卻主宰了國之存亡。日常生活中，那些看似無關緊要的細節，常常能左右事物的成敗。

◆ 細微的隱患：災難往往源於忽視

災難往往源於微小之處。輕微之錯誤的危害不在於其直接後果，而在於其會逐漸演變，最終導致無法挽回的損失。悲劇的降臨常有些許微妙的徵兆，而這些往往是我們經常視而不見的致命隱患。

◆ 疏忽的代價：累積的小錯釀成大禍

芝加哥市政每日所需支出短缺一百萬美元，乃因「工作的疏忽」所致，此言非虛。每一日、每一刻，眾人因一念之差，致使工作失誤者眾多。然可悲者，有些失誤之人，非但未能引以為鑑，反而對此漠然。然而，微小之過，若累積至一定之量，終將演變為重大的過失。

◆ 一分鐘的停滯：細微失誤改變命運

時鐘之中，游絲斷裂對於平常人或許無足輕重；然若此時計為車掌或工程師所用，其一分鐘之停滯，則可能導致兩列載滿乘客之列車以難以想像之速相撞。此微小之斷裂，引發者無數家庭之破裂、生命之毀滅，且有多少人因此微小之停頓而陷入苦痛，甚至命運亦因此改變。

◆ 忽視小事的代價：微塵奪命之悲劇

一位居於紐約的男士，其眼中入了一粒微塵，初始時他對此毫不在意，未曾加以留意。然其最終覺察需就醫之時，已為時已晚，醫者無能為力以挽救其眼，半邊面容腫脹，毒素迅速瀰漫全身。及至一週後，男士因這粒未受重視的微塵而命喪黃泉。

◆ 細節決定成敗：將微小之事做到極致

無論何事，皆無微不足道之舉；無一細節，足以可被遺忘。因此，須謹慎對待瑣事，細心應對每一細節。對我們而言，無需專待大任，那些表面微小之事，卻非人人皆能善之。將簡單之事做好，乃是最不簡單之事，唯有毅然決然，方能更臻完善。

◆ 微小的啟發：傷寒與望遠鏡的科學開端

亥姆霍茲，科學之士，曾言其成功之因，乃因傷寒所致之狂熱症。當時，因病臥床，不能外出，唯有在家中靜養，遂購買一架普通天文望遠鏡。正是此簡單器物，打開了科學殿堂之門，奠定了其日後在天文學領域之卓越成就。凡事皆由微小之事起始，欲為成功者，宜從小事之興趣著手。

◆ 郵政改革的契機：旅店夜晚的偶然觀察

羅蘭·希爾在蘇格蘭北部一處農家旅社過夜時，偶然察覺到旅店主人與其弟弟之間通訊的隱祕。這一看似微不足道之事促使羅蘭·希爾思索，意識到平民百姓急需一種更為廉價的郵政方式。數週之後，他向國會眾議院提交了降低郵費的提案。這一鄉村普通夜晚的細微事件，竟引發了郵政系統價格的變革。

◆ 心之所向：小善與工作中的成長

若能多行小善，則能力與影響力皆將隨之增長。然有些人耗費大量精力以逃避工作，卻不願意將同樣的精力投入於工作之中。他們自以為欺瞞了上司，實則愚弄者唯有自己。切勿僅為上司之故而勞動，亦勿僅為金錢而工作，應為理想而奮鬥，為自身前途而努力。周遭環境無法成為懶惰之藉口，須時常銘記：心之所向，舞臺亦隨之廣闊。

人生無畏，輸贏由心

本文闡述了微小之事與細節的重要性，強調細節能決定成敗，忽視小事則可能釀成災難。失去一枚釘子導致國家覆滅的故事揭示了小事累積的巨大影響力。生活與工作中的輕微疏忽，如芝加哥的「工作疏忽」、游絲斷裂的列車事故與微塵奪命的悲劇，無一不說明忽視細節的代價。相反，專注於微小之事，如羅蘭．希爾夜晚的郵政靈感或亥姆霍茲因傷寒而購望遠鏡，卻能開啟創造的契機。文章提醒我們，工作中的成長與成功，來自對細節的謹慎與勤奮投入。無論多微不足道之事，唯有認真對待，做到極致，方能成就非凡。

於日常生活中，若能善加利用那些零星的時光，則將使你獲得更多的財富

西塞羅曾言：「他人於閒暇時追求消遣，而我卻沉迷於哲學之探究。」培根常在休息之際，汲取知識與研究，最終在哲學領域取得了非凡的成就。漢弗里．戴維在藥鋪工作時，總是抓住片刻閒暇，攀登至藥房上方的閣樓進行實驗，最終化身為傑出的化學家。時間為眾人所共有，然則無一人可完全占有，唯有明智地運用，方能使其成為成功之資本。

◆ 守時的價值：信賴與友誼的紐帶

對於那些具備時間意識之人而言，守時不僅是對自我之要求，亦是他們選擇友誼與待人的準則。守時，乃人與人之間交流的紐帶。每一次的守時，皆會在他人心中留下深刻而堅實的印記 —— 你乃一位可被信賴之人。

◆ 善用零碎時光：攜帶工具以避免虛度

在衣袋或手提包中，常宜隨身攜帶若干物品，如書籍、筆與小記本，則於排隊、候機或乘公車上下班之際，無需虛度光陰。「集腋成裘」與「聚沙成塔」同樣適用於時間之累積。

◆ 提前與延後：小舉動展現卓越態度

主管所厭惡之員工行為中，最為厭惡者乃是「頻頻看錶以計算下班時刻」。若能於每日提前十五分鐘抵達辦公室，整理桌面，雖為微小之舉，然則能使一整日皆感心安理得；而於傍晚時分，若能延遲十五分鐘方離開，將手上之事悉數處理妥當，並檢查辦公室內是否尚有未完成之事務，如空調、燈具等，則可使你更顯卓越。

◆ 珍惜零星時間：卓越者的時間累積

每一位成就卓著者，皆善於收集生活中那零星的時光。對於一般人而言，這些微不足道的時間毫無價值，放棄之時亦無所謂；然則，對於那些擅長時間運用者而言，它們卻極為珍貴。此等人常能夠善用這些零碎的時間，例如偶然出現的假期、工作之間的休憩、整理房間的片刻、或是等待賓客的短暫間隙，從而達成卓越之成就。

◆ 時光的分類法：緊急與重要的優先次序

時光者，乃至貴重之資源，若稍有虛耗，將會引致無法彌補之損失。為了善用此一資源，應將事務依其緊急性與重要性之不同程度進行分類，通常可分為四個類別：

1. 急需且重大的事宜：應迅速處理，當務之急。

2. 重要而不急迫之事：可暫時擱置，然則應給予足夠之重視，實為應優先處理之事。

3. 緊急而非重要：事物雖然不甚重要，然卻需迅速處理，應思量是否可將此事委託他人。

4. 非重要且非緊急者：此類事物既無關緊要，亦無需迅速應對，可思考是否可不予處理、轉交他人，或延後其時。

◆ 時間管理工具：提升效率的實用方法

一人可修習合理且有效地運用多種時間管理之器，以便在同一時辰中使己更加富有成效。

1. 運用一份清單來安排當日的工作次序與進度，以此激勵自身朝著既定目標勤奮向前，並對自己的工作成效進行評估。此清單可藏於口袋，亦可置於桌上，唯有自己能夠觀覽之處。

2. 藉助記事本以捕捉瞬息萬變之靈感，理順發言之思路，且將日曆化為日程本，實為確保事宜有序之良策。

◆ 時間的智慧：偉人的高效管理之道

偉人乃時光之吝嗇者，彼等擁有卓越之時間管理之道，能夠充分運用二十四小時之時光。

1. 審視自身的時光。其旨在明瞭時光如何被消耗。

2. 排除無謂的時光。其旨在於防止時間之浪費。

3. 剖析無效之時光。須辨識何者為無需之事，何者為徒勞無功之行動。

人生無畏，輸贏由心

本文探討了時間管理的重要性與方法，強調有效利用零星時光與審慎分配日常時間是成功的關鍵。偉人如西塞羅與培根之所以卓越，在於他們善用閒暇時光，將零碎時間轉化為學習與創造的機會。守時是信任與效率的紐帶，提早進入或延後離開工作，都能展示積極態度，提升個人價值。文章還提供了「時光分類法」，幫助將事務按重要性與緊急性排序，優先處理真正關鍵的任務。此外，運用清單、記事本與日程表等時間管理工具，有助於提高效率並實現目標。唯有珍惜時間、有效規劃，方能將每日的二十四小時化為通向成功的資本。

第七章

於艱難之境，心靈仍能化作樂土

消極者唯有目睹方能信服，而積極者則認為信念足以引領所見

持有樂觀之心，即使在困境之中，亦能發現快樂之源。

一位悲觀者與一位樂觀者在黃昏之際漫步，悲觀者感慨道：「太陽正逐漸沉落。」而樂觀者則回應：「星辰正在冉冉升起。」同一現象，不同之人卻有不同的見解。實際上，事物的存在是客觀不變的，變化的僅是人心的感受。

◆ 正向心態：迅速調整情緒的能力

一位對生活持樂觀之態之人，若遭遇悲觀情緒，此種情緒必將迅速被其樂觀精神所驅逐；若其心中滋生失望甚至絕望，堅韌不拔的意志亦將掃除懦弱之心；若其感到猶豫與踟躕，其決心亦將迅速彰顯。總之，一位積極向上的個體，即便在某一時刻心中滋生不良情緒，亦會以其正向心態迅速調整之。

◆ 挫折的視角：專注於仍能掌控之事

一位身有殘疾者曾言：「在我癱瘓之前，我能夠完成一萬件事，而今只能做九千件。我可以專注於那一千件我無法再做的事情，亦可將目光投向仍能進行的九千件事。告訴大家，我的人生曾經遭遇兩次重大挫折，若我能選擇不將挫折視為放棄努

力的藉口，那麼你們亦能從另一個角度重新看待那些一直使你們停滯不前的經歷。你們可以退一步，放寬心境，然後便有機會說：『或許那也無妨。』」由此可知，面對挫折之際，關鍵在於我們如何解讀自身所經歷之事，而非究竟發生了何事。

◈ 樂觀的力量：從失敗中汲取教訓

人生之途多有變幻，故應秉持良好的心態，兼具質與量，保持樂觀之精神。讓積極之思想化為行動之動力，助我在談笑間從容面對諸般挫折與困境。即便遭遇一次失敗，亦不應因此而沉淪不振。樂觀之心將引導我們從失敗中汲取教訓，重返成功之巔。

◈ 智者的準備：化解恐懼與不作為

智者不會將恐懼延伸至未來，因為他們明白此舉對己毫無裨益。他們亦不會消極地任由未來的事物隨意而至，因無所作為只會導致更大的風險。智者能夠為未來做好周全的準備，培養良好的生活習慣，積極追求事物中之美好；他們常常回顧自身動機，確保自己已擺脫恐懼、貪婪及懶惰的枷鎖。

◈ 批評與讚美：角度的改變帶來啟示

一位畫家將其傑作送至畫廊展出，懇請觀眾在他們認為不佳之處做標記，結果畫面上滿是記號。幾日後，他再度創作一幅同樣的作品並展出，此次他請觀眾在他們最欣賞的地方做標記，未料畫面再次被標記所覆蓋。原先被批評的地方，皆換為讚美的印記。

◆ 正向心態與健康：驅逐不良思想

「我每日之生活愈加美好。」有些人每日醒來及就寢之前，需反覆吟誦此言數次。對他們而言，此言非浮誇之辭，而是揭示健康源自於正向之心態。關於健康，眾人之體驗表明，正向之心態能助益身體健康，反之，消極之心態則或引發疾病。若一人心存消極思維，實乃危害之舉。在現實生活中，常見因人們內心之消極、仇恨、恐懼或罪惡感，致使自身健康受損之例。因此，欲維持身體健康，首要乃是驅逐不良之思想，清除內心之消極念頭。

◆ 自我讚美：激發內在力量的關鍵

每位個體皆需為己之所為賦予正面之評，尤為在逆境之時。自我肯定能助人培養面對困難的正向心態。適時讚美自我，能帶來巨大的內在力量，使自信之光散心中之恐懼與怯懦，喚醒潛藏於生命中的智慧與才能，進而促進事業之繁榮。自我讚美之際，吾等靈魂將不再迷失於絕望的陰影之中。

◆ 積極與消極：態度決定現實

消極者唯有目睹，方能信服；而積極者則信於心，遂得所見。生活之事，恰如競賽，唯有堅信並付諸行動，方能收穫佳績。雖無法改變現實，然吾人可修正對於現實之觀念。正向之心態，能創造光明之人生，而消極之心則使人生陷入陰霾。

◆ 向光而生：樂觀應對人生逆境

米勒曾言：「我曾造訪一處病房，窗臺上盛開著一束玫瑰，當時我見它們皆向窗外，似乎在汲取陽光之精華。然而，病床上的女士對我言，幾日前她的女兒仍試圖使這些玫瑰朝向病床而擺弄之。然不久之後，玫瑰依舊倔強地轉向陽光。此玫瑰之故事令我頓悟，作為人類，內心亦應向著光明之處。生活中，眾人皆會遭遇各式艱難與打擊，面對逆境，內心不應因此而沉淪，反而應以樂觀之精神，積極應對，主動克服困難。」

◆ 樂觀之境：幸福源於掌控情感

人生中無有不快之者，唯有心靈不願接受快樂者。正因許多樂觀者善於掌控情感，以樂觀之態面對困境，故未被艱難所壓倒，為自身創造出一方幸福之境，讓其生活於快樂之中。樂觀之境乃幸福之境，此幸福非源於財富、權力或地位等物。即便我等貧困且平凡，在他人眼中似乎一無所有，但若能主宰自身情感，讓快樂為主，幸福則自心而生。

◆ 對比幸福與不幸：感受幸福因子的力量

當愁苦的情緒如潮水般湧來時，我們應當靜坐片刻，藉著筆端將那些令我們不快的事物記錄下來，同時在另一行中列舉生命中的幸福因子，此等因子包括家人所賜之關懷及已擁有的財富。當然，亦不可忽視應盡的社會與家庭責任。完成此舉之後，我們需將不幸與幸福的事宜進行對照，然後便會發現，實際上使我們感到幸福的因素，遠比那些令我們憂愁之事更為眾多。

人生無畏，輸贏由心

本文探討了正向心態對人生、健康與幸福的深遠影響，強調樂觀是面對挫折與困境的有力武器。消極者僅憑目睹才信服，而積極者則憑信念創造現實。同一現象，不同心態會導致截然不同的解讀。文章指出，樂觀能驅逐不良情緒，讓人專注於仍可掌控之事，從失敗中汲取教訓，重拾希望與信心。正向心態亦與健康息息相關，驅除內心負面情緒能改善身心狀態。透過自我讚美與對比幸福因子，個體可強化自信與幸福感。最後，文章提醒我們，幸福並非源於外物，而是掌控情感並以樂觀態度面對人生，從而在逆境中創造屬於自己的快樂與光明。

心中若有明確的指引，則行途必不致於磕磕絆絆

一人的外表乃其所思所想之反映，切勿小覷那簡單思維之影響。思維如鏡，映照出我們行事之態度，而態度又主宰著人生之軌跡。多有失敗者，其非因對手之壓迫或自身之不足，而是因將前途視作艱辛，故自縛於想像之困境，進而止步不前。

◆ 自我懷疑：導致失敗的心靈枷鎖

最能削弱一人之力量，摧毀其思維之能者，乃是承認其脆弱，懷疑其才幹。多數失敗者皆因初始對其行事能力之疑惑而導致失敗。青年人皆具勇於開創之膽量，然當其心智被疑惑所侵擾，隨之而來者，便是對自我之懷疑，待之以時間，避之於困難，眾多與失敗緊密相連之觀念與思維亦隨之而至。

◆ 對貧窮的恐懼：束縛心靈的隱形枷鎖

有些人常常描繪未來的種種艱難與貧困的可能，心中始終懼怕缺乏足夠的生活保障。正是由於對貧窮的恐懼，他們終其一生都在貧困中掙扎，且此種觀念潛移默化地影響著他們的後代，使之在成長後也習慣於那種貧賤的生活。若你常常沉浸於對貧窮的恐懼之中，時常憂慮即將降臨的苦難，便難以獲得快

樂，也不易提升自己的經濟境遇，因為這些沉重的念頭成為心靈的負擔，阻礙了你向前的步伐。

◆ 悲觀的視角：喪失機會的根源

理想未能實現之緣由，乃因某些人於面臨表面困難之事時，常先想到其糟糕之後果，遂放棄探求機會之權利。人們常以善惡、成敗、正誤等極端且淺薄之語言來形容或解釋所遭遇之事，對於事物之創造性解釋，常被這些極端化之語所遮蔽，我們的視野亦被表象所迷惑，漸漸失去尋找機會之勇氣與信心。

◆ 精神匱乏：貧困的真正根源

無人可終生困於貧窮之境，然若一人於其見解、情緒、判斷、自我認識、對命運之看法及奮鬥心等方面存在匱乏，則其陷入貧困之可能性甚高。隨此諸因素，彼往往自我貶抑。

◆ 貧困意識：侵蝕志向的內心威脅

貧困之意識，確實能增大個體陷入貧困之可能。於此種意識之影響下，個體之志向，日漸被侵蝕，直至其對成就之渴望及對財富之追求，皆化為烏有；此乃削弱其能力，且摧毀其追求成功之動力，最終致其沉淪於貧困之中。

◆ 匱乏思維：心靈貧困導致現實貧困

無人能夠從貧乏的思維中獲得富饒與繁榮，亦無人能夠從匱乏中達至卓越。現實與理想始終相互契合，構成了我們的生活。若貧困的思維模式持續存在，深植於生活之中，則我等唯有苟且度日。貧困乃心靈之病，應當努力轉變心態，想像富裕與快樂的生活，則境遇必將大為改善。

◆ 恐懼與示弱：失敗的先兆

當我們不斷地感受到恐懼與脆弱之時，便是承認自身的無能，這象徵著失敗的陰影已然降臨。若一人失去了希望、鬥志乃至耐心，則終將一無所獲。此乃世間最悲哀之事，選擇示弱，便是選擇向生活投降。

◆ 成功的心理模式：擺脫貧窮的關鍵

成功乃心理之果，真正能致富者者，乃自始便堅信自身能致富、堅信擁有獲取財富之能者。此等人心中從無疑慮與慌亂，自然無談貧窮、無慮貧窮。彼等思念所欲之物，並立誓得之，心中無消極、無貧窮、無匱乏之念。

人生無畏，輸贏由心

本文探討了貧困思維與成功心理模式對人生的深遠影響，強調心態在成就與失敗中的關鍵作用。失敗多源於自我懷疑與恐懼的內心枷鎖，悲觀視角使人喪失機會，而貧困意識則侵蝕個體的志向與動力，最終導致精神與現實的雙重匱乏。貧困並非命運的宿命，而是一種心靈上的限制。唯有擺脫消極思維，重建對成功的信念，才能驅散恐懼與示弱的陰影，踏上致富與卓越之路。成功源於堅定的心理模式，當一人堅信自身能致富並保持積極行動時，其心靈與現實皆會走向豐盈與繁榮。

即便存在千百個使人悲傷的理由，然我們應當尋求第一千零一個令自己歡愉的緣由

情緒之色彩，確實會影響世界之景象。若一人對生活持有樂觀之見，他自不會因小事而自怨自艾。大多數終日煩惱之人，實則並非遭受重大不幸，然其內心卻存在某種缺陷，對生活的理解亦有偏差。誠然，世間有許多堅韌之士，即便遭遇不幸，精神依然堅定不移。充滿歡愉與鬥志之人，常以喜悅迎接雷霆或陽光。

◆ 情緒與健康：不良情緒的毒性實驗

蓋茲教授曾進行一項實驗：「我取一根冰冷的管子，將其一端浸入一種僅由碘化物溶解而成的液體中，液體內毫無沉澱。隨後，我將管子另一端放入一位病人的鼻孔，激發其憤怒之情。五分鐘後，我觀察到管子另一端的液體中竟然出現了棕色的沉澱物。這表明，病人的情緒促使了液體的化學變反應。其後，我進行了一系列類似實驗，結果顯示，不同的情緒會導致液體生成各異顏色的沉澱物，而那些源於不良情緒的沉澱物皆具毒性。」由此可見，情緒對健康之影響顯而易見，唯有維持良好之情緒，方能促成健康之道。

◆ 憂慮致病：心靈對健康的深遠影響

在生活之中，確有一些人，若其足稍微沾水，便憂心自己將染上傷寒或感冒；若今日受到風的侵襲，則認為自己將迅速生病。總而言之，外界對其身體之微小影響，皆使其驚慌失措，似乎真的罹患重病，無不求醫問藥。即使他們本無疾病，最終亦會因憂慮而致病。其病非源於身體，實則來自心靈。因此，我們不應任由負面情緒與思想操控，應常保內心之積極與快樂，無需為瑣事困擾，損害身心。

◆ 性情與美貌：負面情緒侵蝕之危害

性情不和的女性，必然難以顯現出其美麗之姿。大多女性皆渴望美麗，然則非所有女性皆能持久青春與活力。此乃因世間眾多女性，常顯易怒，心中常滋惡情。今之醫學研究告知，哪怕一絲負面情緒，亦能縮短女性之壽命；男性亦然，然則在女性身上尤為顯著。若你乃天生麗質之女，然若性情乖戾，爾之美貌將迅速遭受侵蝕。

◆ 放下敏感：展現真實自我

實則他人並非如我們所想般關注我們的缺失，偶爾的失誤亦不會干擾宇宙的運行。故而，不妨放下那些無謂的敏感，展現最真實的自我。既然世間並非圍繞我們而轉，那麼我們應當圍繞自身而動。猶如我們所居之地球，於繞日而行之際，亦不斷自轉，孕育出美麗的四季與多樣的生命。

◆ 胡德的光明觀：逆境中尋找第一千零一個理由

十九世紀之英國詩人胡德曾言：「即便至生命之終日，我亦欲如日之明，常面向事物之光明面。」即便遭遇艱難之事，縱使有千百理由使人傷心，然我等必須尋得第一千零一理由，令己歡笑，見希望之曙光。否則，我等將淪於困境之中，喪失再起之機會。生命之艱辛，何以讓其在不快樂中虛度乎？

◆ 自我接納：成為自己的良友

「在此世之中，自己既可為自身之良友，亦可化為最大之敵。」當我們接納自己、熱愛自己時，心中便會充盈光明；而當我們拒絕自己、厭惡自己時，心靈則會被寒冰所籠罩。面對生活，我們可以去除尖銳之處，樂觀地接納自我，審視生活。即便遭遇生活之不如意，亦應瀟灑揮袖，毫無煩憂。

◆ 積蓄樂觀：於逆境中奮勇前行

宜修身以正目，使心中常存生活之樂。善於積蓄樂觀之因，以備於遭遇困境之時，能以平常心應之；於艱難之境，覺察己之失，以尋求下次成功之機；於逆境中，保持清明之思，勇敢探尋出路；更當於困頓之際，發掘人生諸多可能，懷抱美好之念，奮勇向前。

◆ 樂觀的奇蹟：農夫的微笑與重生

一位居於阿拉巴馬的農夫，於田間工作時突感異樣，口吐鮮血，隨後前往醫院，醫者告訴他，性命恐難久矣。然而，該農夫對醫者之言毫不在意，因他對此世尚有眷戀。自此，他每日面帶笑容，友善對待生活及周遭之人。漸漸地，他的病情有了好轉。最終，他竟然完全康復。可見，若非他始終保持樂觀，或許會如醫者所言，早已喪命。

◆ 生活的禮物：點燃希望之火，擁抱樂土

人生如同一場奇妙的探險，沿途雖布滿荊棘與泥濘，然亦

有絢爛的春花與明媚的秋月。吾人不可驚慌失措，亦不可迷惘，更不可心生貪念，唯有在心中點燃一束火焰，照亮生命的希望，堅定不移地前行，方能尋得自我之樂土。生活雖無華麗之外表，然其仍為一份珍貴之禮。或許它會使我們失去某些，但亦賜予我們更為珍貴之物，關鍵在於我們須持樂觀之心，信仰失去必有所得。

人生無畏，輸贏由心

本文闡述了樂觀對人生的重要性，並強調情緒與健康、幸福密切相關。樂觀能幫助我們在困境中找到希望，即便有千百個悲傷的理由，也應努力尋找第千零一個令人歡愉的緣由。研究表明，不良情緒會對健康產生毒性影響，而樂觀則有助於身心的康復與提升。文章以胡德的光明觀與阿拉巴馬農夫的故事為例，展示了樂觀如何改變命運。放下對自我過度的敏感，學會接納自己，於逆境中積蓄力量，才能找到人生更多可能性。生命如一場探險，既有荊棘亦有美景，唯有以樂觀之心擁抱生活，方能感受到其珍貴之禮，最終找到屬於自己的樂土與幸福。

當你決意承擔信念，勇往直前時，情感此物便成為一種負擔

悲觀與失望等消極情感，常使人喪失正常之判斷力。故而，當一人陷於沮喪與悲傷之際，應避免處理重大事務，尤以可能對生活產生深遠影響之大事為然，因為沮喪之心會導致決策之錯誤。在前景黯淡之時，仍能保持樂觀，善用理智，乃成功者所必備之德行。

◆ 擺脫悲觀：堅定信念迎接成功

倘若一味地追隨他人之言，輕易捨棄遭遇挫折之事業，此人必然走向失敗。然若能再行堅持，擺脫心中之悲觀情緒，或許成功就在眼前。於悲觀之際，智慧乃是最珍貴之助，它能引導你作出明智之抉擇：當他人誘使你捨棄所行之路時，爾能堅定自身之目標，不受外界之擾；當內心動搖之時，能自我安慰，使心境平和。如若面對困境，任由悲觀失落之情緒支配，必將一事無成。

◆ 悲觀中的危險：避免在困境中決策

失意者之心常陷於混沌，乃至滋生絕望，此乃人之最危之時，易作出謬誤之判決與劣質之策。若人處於悲觀之境，精闢之見解則難以顯現，事物之全貌亦難得窺見，因而失去準確之判

斷力。故在憂鬱與悲觀之際，務必避免作出重大決策，待心境寧靜、思緒清晰之時，方能構思出更為優良之計畫。

◆ 深思熟慮：智慧是成功的基石

凡事須經深思熟慮，尤以那些關鍵之事為甚。許多人之所以遭遇失敗，乃因缺乏深思。他們行事時從不細想，無法洞察其利弊。有些人雖然勤於思考，卻常常顛倒主次，專注於瑣碎之事，對於重要之事卻視而不見。有些事情我們應當謹慎斟酌，並牢記於心。智者對每一事皆加以思索，特別是那些深奧或重大的問題，更需反覆權衡，方能作出明智之選，故其見解較一般人更為深刻。

◆ 情感與理智：衝動行事的隱患

當情感高漲之際，應避免行動。人於情緒失控之時，其所為常非其本然之態。理智常因衝動而喪失。在此時，應尋求一位冷靜且明慧的第三者，因為某些事情當事者或許困惑，而旁觀者卻能洞悉真相。明慧之人若察覺情緒將失控，便會立刻加以抑制，讓其漸漸平息，否則將因一時之衝動而行事魯莽。

人生無畏，輸贏由心

本文探討了情感與理智在決策中的影響，強調避免在悲觀或情緒激動之際處理重大事務的重要性。消極情感如悲觀與失望，會削弱判斷力，使人作出錯誤的決策，因此在面對困境時應保持理智與樂觀。文章指出，於憂鬱或衝動之際，應避免行動，待心境平和、思緒清晰後再作決斷。智慧與深思熟慮是成功的基石，對關鍵問題尤需反覆權衡，避免因情感高漲而行事魯莽。此外，借助冷靜旁觀者的意見可有效避免偏頗，作出更為明智的選擇。唯有以理智主導行動，才能在挑戰中取得成功。

只需思索，便能為消極情感尋得出路

不良之情緒，確實對人體產生顯著之害，反之，良好的情緒則對身心健康頗有裨益。人之生涯，難免遭遇不良情緒之擾，然則，個體應當習得自我調適之道，以正當之思維修正偏頗與謬誤，提升其價值觀與人生觀。當一人具備健康之思維時，諸般不良情緒便無立足之地，自然不會再侵擾其心靈。

◆ 哭泣的力量：情感宣洩促進健康

當壓力過於沉重之時，宜放聲痛哭。哭泣乃情感宣洩之途徑，當痛苦與悲傷過度時，痛哭優於壓抑淚水。研究顯示，情感之淚與其他淚水有所不同，其內含有毒之化學物質，能導致血壓上升、心跳加速，並引起消化不良等症狀。透過流淚，吾輩可將此等物質排出體外。在摯愛親友之前放聲痛哭，乃真情之流露，哭泣之後，痛苦與悲傷將大為減輕。

◆ 平息怒火：恢復心境平和的智慧

在怒火中，最為明智之策，乃是回至室內，靜坐片刻，或是安躺一會，亦或漫步於外，遊覽各種娛樂之所。於怒氣宣洩之後，必須迅速使心境平和，方能使怒火之發洩不至於徒然。反之，若在發作之後，仍然將此事銘記於心，難以釋懷，則後果將難以預見。

◆ 音樂減壓：從旋律中尋得慰藉

音樂具備安撫情緒與慰藉心靈之效。若欲盡情發洩，則可聆聽搖滾音樂；若欲理清情緒，則應選擇古典音樂。有一種音樂減壓館，於每晚播放輕鬆或另類之音樂，民眾於此閉目養神。據言，持之以恆可使人達至與音樂合一之至高境界。故而，若心情不佳，沉浸於音樂王國，或可得益。

◆ 香氣之療：舒緩焦慮的自然方式

香氣具備舒緩人們焦慮與改善社交關係的奇妙效用。如今，愈來愈多的商舖開始運用香氣為眾人提供減壓之療，許多美容院亦已推出此類服務。若條件所限，栽培幾盆芬芳花卉亦為可行之策，每日晨昏於陽臺嗅聞一次，順帶進行伸展運動，或許壓力便會隨之消散。

◆ 生活有序：自然狀態中的放鬆法

購買一些所謂的「新時代音樂產品」，能助於於虛擬的潺潺流水聲與海浪的波濤中，迅速消除緊張之情。浸泡於熱水中可使緊繃的肌肉得以放鬆……實則，保持良好狀態的最佳方法乃是合理安排生活與工作，井然有序自不會慌亂，自然無需緊張。

◆ 觀影解壓：喜劇與悲劇的情感舒緩

觀看影片乃一良方以解壓，時常前往影院欣賞佳片，實為上策。若心中積壓不平，無處發洩，宜選悲劇以共鳴；若情緒煩躁，則可觀喜劇以舒懷。如此，壓力隨著電影情節之推進，將漸行漸遠，無影無蹤。

◆ 高歌釋壓：以音樂展現自信與勇氣

常常因日常瑣事而感到困擾，身心疲憊在所難免。若能將心中積壓的苦悶與牢騷，還有那滿腔的怨言，盡情高歌，無疑是一種良好的調適之法。最宜選擇一首激勵人心的歌，或是一首充滿祝福與期望的希望之曲，表達對生活的美好願景，展現自信，釋放激情與勇氣。

◆ 登山呼喊：遠眺與釋放內心鬱結

真正理解生活之人，非是無憂無慮，而是知曉如何及時釋放心中之憂。至佳之法，乃一人登臨高山，向遠方呼喊數聲，宣洩內心之鬱結，此種體驗實為美妙。尤宜於晨時，因晨間空氣清新，亦可視為晨練之良機。

◆ 郊遊舒壓：戶外交流中重拾輕鬆

週末之際，外出郊遊可舒解心中陰霾。邀約三五知己同行，彼此交流人生，暢談工作之艱辛，並盡情享受戶外清新的氣息與美麗的田園風光。如此，壓力所致之憂鬱情緒，便能獲得良好的釋放。

人生無畏，輸贏由心

本文探討了釋放負面情緒與壓力的多種方法，強調良好情緒對身心健康的重要性。不良情緒雖難以避免，但可透過多種方式調節，如哭泣宣洩情感、聆聽音樂安撫心靈、嗅聞香氣舒緩焦慮，以及觀影與高歌釋放壓力。文章特別指出生活有序與自我調適的重要性，合理安排工作與生活能自然減輕緊張。另有登山呼喊與戶外郊遊等方法，能幫助釋放內心鬱結，重拾平和與快樂。無論選擇何種方式，關鍵在於及時釋放負面情緒，保持正向與健康的心態，從而提升生活品質與精神狀態。

無需急於向前奔跑，應當留意途中的美麗風景

每一個個體感知世界之道，乃是透過其雙眼與雙耳，觀察與傾聽。故而，自然界中那絢麗的花卉、輕柔的風聲、潺潺的水流，以及鳥兒悅耳的歌唱，方能盡收於我們的視野與聽覺。若無感受美之能力，縱然自然界存在再多美好之物，皆無法以心去體悟與發現。然一無美感之人，無法領悟生活之樂趣，其世界必將變得乾枯乏味，其性情自是粗暴無理，毫無吸引力可言。每個人皆應培養自身對美的感知與鑑賞能力，此乃一項遠勝於所有投資之事，更能使我們的生活絢麗多彩。

◆ 忽視自然之美：商人匆匆而過的生活

每一清晨，一位商人穿越公園，路過之處花兒歡愉綻放，鳥兒愉悅歌唱。然而，此商人對此皆視而不見，步伐匆匆，毫不留意沿途之景。於他而言，商業之事乃最為重要，獲利為其人生之旨趣，而生活中諸多美好細節，皆無暇顧及。他將所有心力傾注於生意，忽略了生活之樂趣。商人對商業之專注，使其無暇創造美好生活，因不懂享受自然之美者，自然無法領略生活之樂趣。

◆ 邁達斯的教訓：黃金無法替代幸福

有一則古老的希臘神話：弗里吉亞國王邁達斯懇求神明賜予他將物質化為金的能力，神明應允了他的請求。他以為此舉將帶來真正的幸福，因他所觸碰的物品皆化為金子，因而擁有無盡的財富。然而，現實卻是他所接觸的食物、衣物、美酒、花卉、器皿皆轉化為金，甚至他親吻女兒時，她也化為金子。於是，他再次向神明請求撤回這一能力。由此，他領悟到世界上有許多事物，比黃金更為珍貴，那些是無量的財富所無法替代的。

◆ 漁夫的智慧：幸福即是當下的享受

於夏威夷之海岸，有一位富庶之人正在享受假期。適時，他瞧見一位漁夫安然自得地沐浴於陽光之中。遂上前詢問：「你於此何所為？」

「享受日光。」漁夫答道。「你如此行事，何時能累積財富？」富翁笑著問。漁夫凝視富翁，回應道：「擁有財富又能何為？」

「倘若擁有財富，便能如我般遊歷、度假，享受自然之美！」富者自鳴得意地言道。漁者莞爾一笑，回應道：「我如今正是在享受自然之美啊！」

在世間，眾多之人猶如故事中的富者，無休止地向前奔馳，追逐著所渴望之生活，而忽視了當下所擁有的陽光。

◆ 減緩腳步：從當下生活中發現幸福

生活需具備洞察美的慧眼。常常，我們急於奔走，忘卻了生活的真正旨趣，因而在疾速中失去了感知幸福的能力。若能減緩腳步，欣賞路途中的風景，時間便會在我們放慢步伐之際，展現其內在的美麗。應順應自然的節奏，勿因追求未來的幸福而忽視眼前的歡愉。

◆ 美的力量：激發潛能與豐盈生活

美之存在，能激勵人心深處之潛能，使智識愈加明晰，精神愈加煥發。人的性格雖難被他物所動，然則易受美之感召。愛美之習慣，能啟迪、裝點、豐盈我之生活，使其趨向完美。

不怕輸的定律

人們因追逐名利和物質，往往忽視了當下生活的美好。文章以商人的例子揭示了對工作的過度專注，可能使人失去欣賞自然與生活之樂趣的能力；以邁達斯的神話警醒世人，過分追求財富反而帶來痛苦。漁夫與富翁的故事則展示了當下即幸福的智慧，提醒我們不要為未來的渴望而犧牲眼前的快樂。進一步，文章強調，幸福源於放慢腳步，學會用心欣賞周遭之美；美的力量能啟迪心靈、激發潛能，使生活更加豐盈而有意義。呼籲我們順應自然節奏，珍惜當下，活出生命的真正價值。

人生無畏，輸贏由心

本文闡述了幸福與生活之美的深層意義，提醒人們減緩腳步，珍惜當下的美好。商人的故事揭示過度專注名利可能導致忽視自然與生活樂趣；邁達斯的神話警示人們財富無法替代真正的幸福；而漁夫的智慧告訴我們，幸福即是當下的享受，而非未來的追逐。文章進一步指出，幸福源於用心感知生活之美，美的力量能激發潛能、啟迪心靈，使生活更加豐盈且充滿意義。唯有減慢腳步，感知周遭的風景，才能真正領悟生命的價值與樂趣，創造更為和諧與幸福的人生。

第八章

敢拚，才不枉人生

無關緊要的事不要管

瑣碎的家務事使家庭主婦感到疲憊與厭倦，尤以長時間待於家中的女子為甚，生活之乏味與無趣愈加顯著。而那些在商界奮鬥的商人亦然，緊湊的工作一做即是一整年，夏日中亦是汗流浹背，他們的耐性也會隨之下降。再觀那些終日埋首於工作的白領或是苦讀的學子，猶如凋零之花，無生氣可言。這些皆為城市中忙碌之人，或許他們身體健壯，認為長期如此工作並無大礙。然則，實際上，他們看似疲憊與憔悴，因為未曾獲得大自然之滋養。故而，我們應適時解脫於瑣事之中，跳出忙碌之圈，切勿因眼前之繁忙而斷送生活之樂趣。

◆ 聚焦目標：避免將心力浪費於瑣事

每日將心力耗費於瑣屑之事，猶如一座有缺陷的鍋爐，蒸汽在轉化為能量之前，早已流失殆盡。此類之人常常徒勞無功，難以成就偉業。若欲充實地度過生命中的每一天，為社會貢獻更多有益之事，實現自我之價值，便需將心力聚焦於值得追求之事，而非沉湎於微不足道之小事。

◆ 卓越思維：專注於宏大計劃與創造

欲求偉大之成就，首要者乃卓越之思維與計劃，切莫將珍貴之精力耗費於瑣碎之事。一位真正立足於成功之者，必然是創造機械者，而非淪為機械之組成部分。

◆ 授權的智慧：集中精力於重要任務

不宜親自干涉之事，宜交予他人處理。善於授權他人者，乃成功之必需才能之一。若委託他人從事某些工作，則可顯著提升效率。有些事無需親力親為，可將其交付他人，從而使自身時間專注於更為重要之任務。

◆ 自重與分寸：遠離無謂干涉與是非

無謂之事，宜少加干涉，然則他人之羞辱將不會降臨於你。首要者，當自重，方能獲得他人之尊敬。凡事需對己嚴苛，不可隨意放縱，唯有在他人之邀請下，方可愉快赴約，切勿擅自造訪，則他人將善待你。多管閒事者，易成他人羞辱之標靶，捲入是非之中，最終自陷困境。

不怕輸的定律

以專注於更為重要的目標和任務，從而實現自我價值與成功。作者指出，過度關注瑣屑之事會浪費時間與心力，使人難以成就偉業。相反，成功之道在於卓越的思維與計劃，善於創造，而非淪為細枝末節的執行者。文章進一步強調授權他人的重要性，建議將不必要的事務交予他人處理，以集中精力於核心任務。同時，透過自重與節制，避免捲入無謂的爭端與是非，從而贏得他人的尊敬，為成功鋪平道路。

人生無畏，輸贏由心

本文強調了擺脫瑣事、聚焦核心目標在個人成功中的重要性。過度沉迷於細瑣之事不僅浪費時間與精力，還可能導致事倍功半，無法達成更高目標。成功需要卓越的思維與清晰的計劃，應專注於創造性工作，而非事無巨細皆親力親為。文章還提到授權的智慧，將次要任務交予他人處理，從而專注於更為重要的責任。聚焦目標、分清主次是成就卓越人生的重要法則。

你不積極，誰替你主動

一位心思游離之人，即便穿越整片林木，亦難以瞥見一株樹木。眾多人士對其日常所從事之工作缺乏專注，心思不在其中。雖表面上似乎忙於事務，然其實鮮有新知得以汲取，每日重複相同之工作，既使其感到乏味無趣，亦失去珍貴之學習良機。

◆ 剪枝之道：專注所愛，成就卓越

當園丁們修剪那些本可綻放的枝條時，外行者或許會疑惑：這些枝條生長良好，未來必能結果，何以要將其剪去？實在可惜！然而，園丁乃是經驗豐富者，知曉唯有剪去部分枝條，方能於來年獲得更豐碩之果實。許多花匠亦具此智慧，常將一些能開花之花蕾修剪，以便留存之蕾能充分吸納養分，當其綻放時，則更為燦爛。吾輩從事事業亦應如是，無須將精力浪費於許多無關之事，而應專注於己所愛之業。唯有如此，方能於未來成就卓越。

◆ 從小事中發現機遇：用心方能成就驚世之業

在生活之中，無論何事皆不可輕忽，尤以那些看似微不足道的小事為然。若能全心全意、盡力以赴，則即使身處平凡之地，亦可成就驚世之業。然而，許多青年常常忽視身邊之事，對待任何事物皆無法專注，因而難以把握機會。若能用心付出，則會發現生活中處處潛藏著機遇。

◆ 鷹與蝸牛：專注與勤勉帶來成功

世上能攀登金字塔巔的生物無非兩種：一種為鷹，另一種為蝸牛。無論是天賦異稟的鷹，抑或是資質平凡的蝸牛，能登高望遠，俯瞰四方，皆需專注與勤勉。專注與勤勉，乃成功之

助力。無論你是聰慧絕倫，還是智力平常，欲求成就，皆需致力於勤奮與專注。

◆ 攀岩之志：心無旁騖邁向巔峰

攀登峭壁者，未曾左右矚目，亦不曾俯視深淵，唯有心無旁騖，凝視前方高聳的岩壁，探尋下一個堅固的支點，探求通往巔峰的最佳路徑。事業猶如攀岩，唯有專注，方能成就偉業，抵達成功的巔峰。

◆ 失敗之因：心力分散，難以專注

世間之人，失敗之因，非才智不足，實乃因其不能專注，無法全力以赴於適當之事。彼等耗費心力於無益之事，然未曾覺察其失。若能削去心中雜念，將生命之養分專注於一端，則未來必能驚訝於其事業所結之豐碩美果。

人生無畏，輸贏由心

透過修剪枝條的比喻，闡述了專注的重要性。園丁剪去部分枝條，為的是來年結出更豐碩的果實，生活亦是如此。專注於所愛之業，放下無關之事，方能成就卓越。此外，文章指出，用心對待小事亦能發現潛藏的機遇。無論天賦卓越如鷹，還是平凡如蝸牛，成功之道皆在於勤勉與專注。專注使攀岩者克服峭壁，抵達巔峰；而失敗往往源

於心力分散。唯有心無旁騖，全力以赴，方能在人生與事業中結出豐碩的果實。

好習慣增加了成功的可能性

一位作家曾敘述過一個在史丹佛發生的小故事，涉及一位智能障礙者。此智能障礙者的居所附近矗立著一座高聳的塔樓，塔樓每日按時敲響鐘聲，以告知眾人時光的流逝。儘管此人對數字毫無理解，但他每日與鐘聲同數，歲月流轉，數鐘聲的習慣已深深根植於他的生活之中。然某日，塔樓的鐘錶出現故障，鐘聲不再響起，然他卻能準確無誤地報出時刻，絲毫不差。

◆ 環境與習慣：適應力的驚人表現

富蘭克林曾在邊境負責防禦工程的建構，那時他只能將毯子鋪在堅硬的地面上安眠。工程竣工後，富蘭克林回歸城市，但當他躺在柔軟舒適的床上時，竟無法入睡。羅斯船長亦然，當時他與船員們在極端惡劣的自然環境中生存，如冰雪與光禿岩石，他們只能在其上休息。久而久之，習慣了這種生活，登上捕魚船後，他們竟覺得那簡陋的吊床是奢侈，最終甚至在堅硬的椅子上入睡。

◆ 慣性的力量：良好心態與選擇之重要

慣性之力乃是一種法則，使得萬物與眾生皆受環境之影響，此法則或可助你，或可害你，最終結果全在於你的選擇。若能與正向之心態並行運用此法則，所生之力必然宏大，此即思維與實現所願之根本動力。或許你並無卓越之才，但若能養成良好之習慣，必將為你帶來豐厚之益，且其可能超乎妳的想像。

◆ 誠懇與踏實：成功之路的基石

善於培養良好習慣的商人，常常能夠在他人心中留下深刻的印象，因而能夠獲得更多的合作機會，生意自然也會愈加興隆。而那些充滿惡習的商人，則難以贏得他人的信任，因此人們往往不願意與之合作。年輕人若想贏得他人的信任，最根本的途徑，乃是從踏實做事開始。在誠懇的行動中，留下良好的印象，使他人看到他是一位能幹且勤勉誠實的年輕人。

◆ 成功之習：偉人榜樣的啟發

若一人終其一生未曾培養任何有助於成功之習慣，則即便閱讀了無數名人之傳記，亦難以聲名顯赫。牛頓以其堅持積極觀察與思考而成為偉大的物理學家；愛迪生則以隨時入睡之習慣，確保其工作效率之高，思維常保持活躍，因而創造出層出不窮的發明……漸漸養成之良好習慣，無疑增強了成功之可能性。

◆ 言過勿實：誇大其詞損害信譽

勿常用誇張之辭。誇大其詞如同隨意贈予之讚美，顯示你之學識膚淺、品味低下。讚美之言引發他人好奇，而好奇又生欲望。待人們察覺你言之過甚，便會感到受欺，進而滋生報復之念，最終使讚美者與被讚美者同陷於淪落。因此，明智之者於評價事物時應節制，與其言過於實，不如言之不足。真正之卓越者稀有，故不宜輕易讚譽或責難。言過其實猶如虛言，非但使人對你之品味生疑，亦將損害你的名聲。

◆ 壞習慣之隱患：從遲到到良機錯失

若偶然遲到一二次，或許你並不在意；然若屢次如此，則此行為便會漸成習慣。若遇良機而不勉力行動，待至錯失之時方才追悔，初次二次尚可，久之則會變得麻木，即便良機重現於眼前，亦或視而不見。壞習慣一旦形成，欲再修正，實乃困難重重，故我輩必須嚴格律己，留心培養良好習慣。

◆ 憤怒的惡習：冷靜為快樂之道

如同頻繁行走使我們更精於行走，常常奔跑亦使我們更擅於奔跑，經常發怒亦是一種習慣。若常常憤怒，則壞脾氣將愈加根深蒂固。習慣乃因我們在不知不覺中持續並強化某行為而成，若不欲壞脾氣，則應避免養成常怒之習。以冷靜之心對待萬事，時常反思已久未發怒之時。培養冷靜、不易動怒的習慣，便可獲得快樂而安寧的生活。

人生無畏，輸贏由心

習慣對個人成長與成功有重要影響，並強調培養良好習慣的必要性。環境的影響力與慣性法則，既能助力成功，亦可成為阻力，端視選擇與行動。無論是誠懇與踏實的品行，還是像牛頓、愛迪生那樣透過日積月累養成的良好習慣，均能顯著提升成功的可能性。相反，壞習慣如遲到、拖延、誇張或憤怒則會損害信譽與成就，且一旦根深蒂固，難以改變。唯有以冷靜與自律為基，嚴格管理行為，培養積極習慣，方能在個人與事業中實現長久的成功與幸福。

算計不到窮一時，計劃不到窮一世

若一事可於一時之內完成，則無需延宕至二時；倘若一釘足以固定，則勿再增添第二釘。將心力耗費於瑣屑之事，實乃無益之舉。

◆ 行正確之事：目標導向與創造性工作

行事之正確與行正確之事，乃兩種截然不同之工藝。正確行事者，僅僅遵循常規，然非能動之行為；而行正確之事者，則不僅重視程式，更重視目的，乃主動而具創造性之工作方式，對於目標負責，具備獨立見解，善於靈活應對。此類人積極進取，於工作中緊緊圍繞目標，發揮其能動性，於制度所允許之範疇內變通，竭力促進目標之實現。

◆ 周全規劃：成功的第一步

工作之規劃愈加周詳，所節省之時光亦愈多。在今日競爭之社會，唯有具備深遠之思考、系統之理念者，以及能制定並執行計劃之設計者，方能獲得成功。那些雖懷抱夢想，然無實現夢想之正道者，必無立足之地。周全之計劃乃通往成功之首步，有條不紊之行事將使其離成功愈加接近。

◆ 熱愛工作的力量：靈魂融入勞動

以愛心投入工作，乃是將靈魂的芬芳注入所造之物。對工作的熱愛，能使人生擺脫無知與盲目的狀態，勞動則乃是將愛之形態顯現，化為可見之物。若一人能真心熱愛其所從事之業，且珍視所創造之品，然則在遭遇困難時，必能敏銳地察覺問題，並尋得解決之道。

◆ 專業知識的累積：從準備到高效執行

當務之急乃是修習專業知識。唯有具備深厚的學識，方能更妥善地履行上司所託之責。此等知識與學校所習者有所不同，學校授予者多為書本之死知，而工作所需者則為實踐之經驗。當上司賦予你某項任務時，首要之務為事前準備，亦即擬定工作計劃。你需對整體工作之程式進行規劃，制定日程與進度，並構思執行方案，方可提升工作之效率。

◆ 精心策劃的三大要素

「未能預見短期之窘迫，亦無法計劃長期之貧困。」唯有精心策劃，方能更迅速地通往富裕之境。具體可從以下三個方面著手：

1. 全方位。此計劃必須涵蓋所有層面，包括其方向與目的、背景之分析、以及所需標準等。

2. 精確。於工作之中，計畫所涉及之關鍵數字必須準確地記錄。

3. 條理。計劃一旦制定，所需之事、優先之事、後續之事皆明晰可見，執行之時亦有據可依，且易於檢驗。

人生無畏，輸贏由心

本文強調了行正確之事、規劃能力、工作熱愛及業務知識在職業成功中的重要性。首先，作者區分了「行事之正確」與「行正確之事」，指出後者更具主動性與創造性，能有效圍繞目標實現突破。其次，周詳規劃被視為成功的首要步驟，具體計劃可顯著節省時間，提高效率。熱愛工作則能讓人以靈魂投入勞動，敏銳察覺並解決問題，為人生注入意義與光輝。此外，文章強調累積業務知識的重要性，從事前準備到執行方案，均需縝密思考。最後，成長錦囊提供了三大策劃原則：全方位、精確與條理，幫助實現短期目標並鋪設長期成功之路。

一次只做一件事，一次做好一件事

「何者應為首要，乃人之難解。」在日常工作中，個體常常難以逃避瑣碎事務之纏繞，許多人因未掌握高效之工作法而疲憊不堪、心緒紛亂。故此，每一人皆應制定一優先處理之表，列出一週內急需解決之事，並依此表排列相應之工作進度，以使其工作能得以穩健而高效之推進。

◆ 專注之道：一次專注於一事

若一人欲同時占據兩張椅子，必將難免從中墜落。生活之道，令我們只能擇一椅而坐。一次專注於一事，乃成功者之祕笈。唯有懂得如何將時間與精力分配於最具價值之事務，心無雜念地處理當前之務，方能提升效率，致力於完美之境。在工作中，需全神貫注於當前之任務，勿被繁雜之表象所擾。

◆ 成功者的法則：敏捷與條理

那些力量雄厚、深思熟慮、洞察力敏銳之成功者，皆以其敏捷、沉默寡言及辦事迅速而有條理而聞名。他們所言之語，皆為精準且恰當，具備明確之目的。此等人物自不願浪費一絲寶貴之時間資本，嚴守己之規則與原則，因而得以在事業上取得成就。

◆ 適度分權：效率倍增的智慧

某雜誌社的主編，其行事之法乃於每封信件閱畢後，方決定由何編輯處理。此整個過程平均需時一小時，故每日不得不加班，或攜帶工作而歸，方能完成其事。時間管理之專家研究顯示，事必躬親者每花一小時僅能產出一單位之成效，而若能適度分權、專注於重大事務者，則每投入一小時可產生十倍、五十倍，甚至百倍之成就。

◆ 每日進步：逐步解決困難任務

若無法全心全意地應對一項迫切之事，或可作出某種妥協。若你自始以來皆在逃避此緊急任務，今日已無法再逃避，則應勇敢面對。當你著手其他事務之際，應當再加一分努力，爭取每日抽出片刻來處理此任務。每日堅持片刻，時日久矣，自然可達成。

◆ 拆分任務：化繁為簡的解決之道

當面對令自身困惑且無法解決之問題時，宜將其劃分為數個可於五分鐘或更短時間內完成的小任務，隨即予以解決。任務一旦啟動，則應全力以赴，待此類速成任務完成十至二十項後，該複雜之任務將變得簡易無比，我們亦無需因時間不足而持續拖延。

◆ 專注可控：聚焦能力範疇內之事

應當僅從事於我們能力所及之事，因為此乃可控之範疇。若能將此原則視為唯一之財富，則我們將無所畏懼，行進無阻，既不再哀嘆，亦不再埋怨。那些超乎我們能力之事，於控制之外，無關乎我們的主觀意志。若你認為能主宰那些無法掌控之事，則你的追求必將遭遇挫折。

◆ 全力以赴：專注於單一目標

應專注於單一之事，悉心投入，並懷抱成功之期望。勿讓思緒漂泊至他事、他需或他想，專注於已決之重要計劃，捨棄他者。

◆ 優先級：重視計劃的輕重之分

在制定計劃之際，應依據事物之重與輕，而非急迫性，來排列「待處理事項」的優先次序，切勿隨意羅列繁多。必須確認所列者乃真切重要之事，縱使項目不多亦無妨。若所行無誤，即便僅完成微薄之事，亦能獲得巨大的成就感。

◆ 將重要之事置於首位：聚焦關鍵任務

將重要之事置於首位。商界及科技巨擘羅斯·佩羅曾言：「一切卓越且值得謳歌之物，時刻皆如刀刃，需不斷奮鬥以保持其鋒利。」在面對成功的目標時，無可避免地不能一味雜亂無章，應善於甄選出最為關鍵之事，並力求臻於完美，唯有如此，方能將目標化為可見之現實。在工作及挑戰面前，需自省哪些事物真正重要，並將其列為首要之務。

◆ 高效排序：重視主動選擇的力量

依據事物之輕重緩急展開行動。當明辨何為應行之事、何為不應行之事後，應依所行之事之輕重緩急展開。然多數人乃依事務之緊迫感，而非其重要性來排序，此乃被動之舉，而非主動。高效之人則知以事務之重要性為先，展開其工作。

擱置難題以靜待靈感

在實務操作中，某些問題確實頗具挑戰性，此時，我們應當學會暫時擱置該問題。總而言之，即是：

當面對一時無法克服之難題時，可以將其記錄下來，暫時置於一旁。

若將疑難問題置於潛意識之中，則或許可從他物之中意外獲得解答之端倪。

切勿於當下急躁之際，隨意尋找方法以敷衍了事。

人生無畏，輸贏由心

本文探討了專注與時間管理在個人成長與工作中的重要性，並提供了實用的建議。作者指出，成功的關鍵在於一次專注於一事，避免心力分散，並聚焦於可控範疇內的重要目標。同時，合理分權能顯著提升效率，而逐步拆解任務則可化繁為簡。此外，文章強調在計劃中應以事務的重要性而非緊迫性為優先，聚焦最為關鍵的目標，並以全力以赴的態度追求卓越。當面對無法克服的難題時，宜記錄並暫時擱置，為潛意識提供解決的契機。唯有專注、清晰規劃與積極實踐，方能實現高效且有條理的成功之路。

時刻關注自己的進步

能夠隨時洞察世界之變化者，必將成為博學多聞、洞察力卓越之人，並隨著變遷作出適當之調整。他們能敏銳地掌握顧客之需求，猶如一位能夠診斷病因的高明醫生。

◆ 吸收新知：學習與改進成就事業

在芝加哥，有一位零售商，其事業頗為成功。每年，他都會前往東部，探訪幾家大型商場，以研究其銷售與管理之道。歸來後，他便針對其企業的短處，施行大刀闊斧之改革，令其公司煥發新生。此類考察與學習，實為必要之舉。若不吸收外界新知，而只是一味專注於自身事業，易陷入墨守成規之境，最終走向失敗。欲使事業興旺，唯一之道在於將新知與亮點融入自身事業，故需時常關注同行之所作所為，進行相互交流，以實現自我之提升與改進。

◆ 日積月累：持續改進成就成功

唯有每日自省以求小有所進者，方能達致成功。此乃自我提升之良策，然可惜者，大多未能洞悉此理，誤以為事業之進步必需全面提升，忽略了細微之創新與優化。實則，進步之道，便在於隨時隨地、時刻不懈地進行創新與改進。

◆ 觀察與累積：從日常中挖掘機遇

功課應於平日之間加以修習，以便於遇事時不致驚慌。由日常之事中細心觀察，深入研究業務，重視那些能夠提升自身之機遇，累積知識之重要性遠超於累積金錢。有些人能夠察覺環境中潛在之學習機會，持續觀察與學習，處處累積經驗，並在工作中不斷豐富解決問題之經驗與提升自身之綜合實力，此等人常於追求進步，且其成效亦往往顯著。

◆ 終身學習：知識是對抗淘汰的利器

學習可於校園之內進行，亦可於家中進行，或向他人請教。人生應為不斷求知之過程，唯有終身學習，方不致於被時代所淘汰。

◆ 隨時閱讀：豐富知識儲備的習慣

有一名青年，無論身在何處，皆隨身攜帶一本書籍，隨時沉浸於閱讀之中。隨著時間的推移，他於歷史、文學、哲學等領域的見解愈加深邃，對於各國之重要著作，皆能提出獨到見解，最終成為一位博學之士。個體的知識儲備愈加豐富，其才能亦隨之提升，生活亦因此變得更加充實。

◆ 學習無處不在：汲取多元靈感的智慧

翻閱一本佳作，吾輩得以領悟久已未解之理；與同僚之探討，往往揭示出諸多未曾想到之處；與競爭者之較量，令我更清晰識得自身之短板；觀一則新聞，便能捕捉到今世之潮流；一次出遊，則使吾如井底之蛙，得見更廣之天地……只要吾等願意，學習之道無處不在。

◆ 珍惜零星時間：積少成多的工作祕訣

運用零星之時從事零散之務，能夠極大地提升工作之效能。善用此等零碎時間，雖然短期內或無明顯感受，然隨著歲月流逝，必將顯現驚人之成果。達爾文曾言：「我從未認為半小時乃微不足道之短暫時光。完成工作之道，在於珍惜每一分鐘。」

◆ 時代青年：知識與創造力的雙重武器

能於時代尖端行走之青年，較之那些資深前輩，雖曾為領袖，然其思想已然滯後於時代之進步者，創造力無疑超越後者。以商業為例，昔日商人只需具備深遠之謀略、敏捷之反應及強大之行動力，便可獲得商業之勝利。然今之成功商人，僅憑此已不足，尚須具備豐厚之學識，對於國內外自然地理、人文歷史、風土人情之了解，以及市場調查、資料統計之處理等。此外，亦需有寬廣之胸懷、堅韌不拔之毅力，及勇往直前、銳意進取之精神。

◆ 知識累積：高飛的起點在於沉澱

無人能夠恆久無阻而上。如果你欲高飛於青雲之上，則需於翱翔於枝頭之前，先行沉澱與累積智慧，此乃上升之必經之路。持續累積之知識，正是你之階梯，亦為打開智慧與富裕之門之鑰。

◆ 效法楷模：從德行卓越者中汲取力量

那些德行卓越之士，乃我等修習之楷模。若有幸相遇，毋需過度畏懼。因為，無論其才華何等出眾、影響何其深遠，終究亦是凡人。吾人無須焦慮，當心中明瞭其所具之美德，並在日常生活中效法其行為。學習與模仿他們，僅為提升自我品德之一途，絕非虛假之舉。

人生無畏，輸贏由心

本文強調了持續學習與知識累積對個人成功和成長的重要性。作者以芝加哥零售商的例子，展示了吸收新知與改進的重要性；並指出每日自省與從日常事務中觀察學習是進步的關鍵。隨時閱讀與珍惜零星時間是累積知識的實用方法，而汲取多元靈感則讓學習無處不在。此外，文章闡述了青年如何透過知識與創造力在時代尖端脫穎而出，並以模仿卓越德行者的品德為個人成長的指引。學習與知識的累積，如階梯一般，引領我們走向智慧與富裕的高峰。

第九章

自我修養，使自身獨一無二

鍛造品德，自內而外展現出優雅與寬容

人格的崇高與外在的形象、出生背景及社會地位無關，亦非金錢所能購得。它乃一種內在的、深邃的品格，自內而外散發出靈魂的美麗與寬廣，展現著豐富的內涵、獨特的思想與見解，以及無私的情感，熱愛人類、萬物與一切生命。同時，它也是一種熱愛生活、執著追求、不懈奮鬥且永不退縮的精神。

◆ 內在修養：真正的價值勝於外表

一人的內在修養，遠比其外貌更為重要，正如鑽石常常隱藏於深邃的岩石之中。有些人表面光鮮，實則空洞，猶如華麗的建築，外觀如宮殿，內裡卻猶如簡陋的草屋。與這類缺乏內涵者初次相逢時，其言辭彷彿西西里之駿馬般奔放，然隨後卻又歸於修道院般的寂靜，因缺乏思想之泉源，言語將迅速枯竭。膚淺之人常易受此類之人欺瞞，然智者則能洞悉其內心之虛空。

◆ 崇高品格：塑造內心的偉大力量

音樂家貝多芬以其旋律感動了無數心靈，然其背後所隱藏者，乃是他所經歷之苦難、喜悅、勇氣、品德與靈魂。人格塑造了人的行為方向，而崇高的品格則能喚醒人們內心之偉大情感，使其變得深具內涵，勇於面對各種挑戰，最終達成其成就。

◆ 良知的審判：遠離偽善，堅守品格

林肯於其律師生涯之際，曾有人邀其為一顯然理虧之方辯護。然林肯毅然拒絕，因其內心深處默念：林肯，你乃謊言之人。若一人過著偽善之生，面具之下與他人進行不正之交易，其良知將不離其身，時刻譴責其行徑。良知如同審判者，責備其為欺詐之徒、不誠之人。故此，切勿從事敗壞品格之事，因其必將削弱人之力量，毀滅自尊與良知。

◆ 善意之行：皮博迪的舉動與回報

在喬治・皮博迪尚未嶄露頭角於金融界時，他不過是一名默默無聞的小店員。某日，一位老婦人蒞臨商鋪，欲購一物，然店中恰逢缺貨。於是皮博迪遂攜老婦人至他處尋購，並對自家店鋪無法滿足其需求表示歉意。此番舉動令老婦人深受感動，日後她在遺囑中特意指明要給予皮博迪回報。

◆ 友善與寬容：贏得他人尊重的途徑

他人之於我，往往取決於我對他們之態度。應當專注於他人的長處，而非短處，讚美他人而非貶斥，心存友善而非敵意。唯有修練此等德行，方能贏得他人的承認。

◆ 利他之樂：助人帶來的幸福

在一個人的生命中，若一切皆為自身之欲望而行，不為他人之福祉付出，則其無法於生活中獲得真實之快樂。出於對他人的善意所獲之喜悅，乃是其他快樂所無法相比之者，此乃真正之幸福。懂得放棄者，方能有所獲得；樂於助人者，亦更易獲得他人之助。

◆ 得體之舉：魅力源於內在品德

引人好感之因，常非一人的容貌，而在於其得體之舉。古希臘人視美貌為神所賜，乃聖潔之物。若一美者內在品格卑劣，眾人亦會對此嗤之以鼻。外表若無優勢，而具良好品德者，必然受人喜愛。

◆ 真正的美：來自內心與德行的光輝

真正的美在於一個人的內涵，而非外貌的美麗。人之善良、仁愛及情感之美，才是真正的美德。具魅力者多為懂得禮儀之人，因為禮儀使得人的本效能以更為動人的姿態顯現。

◆ 高尚特質：鑄就非凡與威嚴

高尚的特質能鑄就傑出之人。傑出之人所追求的是靈魂的崇高，一切皆應宏偉而莊重，唯有如此，他們的言行方能彰顯出非凡的威嚴。

◆ 寬廣心靈：從狹隘中解脫，走向幸福

一顆寬廣的心靈如同甘露，使人從瑣屑的憂慮中解脫，變得開朗。寬容之人，眼中散發的光輝將使其生命熠熠生輝。在這光輝之下，寒冷轉化為溫暖，痛苦化為安寧。此種品性使智慧更加璀璨，使美德愈加動人，使人性趨於完善。人生無退路票，在此旅途之中，寬廣者常能首當其衝地走出狹隘，踏上通往遠方的征途，找到幸福。

◆ 他人之誤解：平和面對偏差之見

若他人因偏差之見而誤解於你，此非你之損害，實則損害者為彼等，因其受誤導而已。故無須期待眾人對你之看法與你自我之見相符。持此念，即便遭人侮辱或嘲弄，亦不必憤怒或受傷，因心中唯存愉悅之情。

◆ 自嘲的智慧：幽默化解困境之道

不用掩飾自身之短處，應該修習以自嘲為樂。世間之不幸者，莫過於那些缺乏智慧而不誠者。眾人常自以為幽默，喜以他人為戲，處處炫耀小聰明，然其結果乃是使他人對其失去信任，昔日之友也漸行漸遠，紛紛避其而去。然則，何不在幽默之際自嘲一番？自嘲不僅為智慧之表現，更是驅散憂慮、邁向成功之良策。

◆ 自我準則：獨立思考遠離盲從

眾人常常無思考地依循他人的準則行事，隨他人之言行之。然而，彼之準則未必常為真理，亦不必然適合我輩。因此，我輩應建立一套自我之準則。

1. 勿聆他人之言，宜審其所行，且須對潛在之結果作出確切之評估。

2. 應當保持思路的明晰，勿使心靈受有害之影響，這乃至為危險。

如同在從事其他事務之前，需先清潔、整理及維護我們的居所，我們的心靈亦應保持明亮。若無法做到此點，則可能導致行為之低效，甚至使心靈遭受侵蝕。

◆ 寬容的力量：解脫怨恨與過去

氣量乃為高尚人格之修養，胸襟之寬廣，大將之風範。具備寬廣氣量者，自能開闊視野，成就非凡之氣勢。然則，有些生存之法則，能夠助人脫離狹隘之泥沼，積聚成功所需之氣量。

1. 面對你心中的怨恨。寥寥無幾者勇於承認對他人的憎惡，然若能坦誠此情，反而會獲得心靈的解脫。

2. 過去之事不可追究。此並非意指全然遺忘他人所加之傷害，然是寬容之表現，忘卻實乃健康之徵。

在遭遇事端之際，應當自省而非反擊他人，則心胸自會寬廣。

◆ 開闊心懷：縮小自我以追求和諧

心胸狹隘者，於人生之途難以展現宏圖，唯有克服此等缺陷，其人生方能大放光芒。

1. 開闊心懷。當面對個人得失與榮辱之事時，常應思及集體與他人，並時刻考量自身之目標與事業，則無需苛求於那些瑣碎之言，亦無需為此而心生困惑。

2. 縮小「自我」。吾輩須時時自省，於日常生活中勿過度期待，應效法阿 Q 之精神，降低己之期望。若堅持不變之念，拒絕改變，且不願減少期望以求與現實相符，則將易於心懷怒火，致使事態惡化。

◆ 修習寬容：包容他人亦包容自己

寬恕之道，非但在於對他人之釋懷，亦在於對自身之包容。欲修習寬容，至少需遵循兩項原則：

1. 應當洞悉自身之短處，並欣賞他人之長處。在思考問題時，宜以對方之視角為出發點，追求共識而保留差異，唯有如此，方能善待他人，亦能善待己身。

2. 應當意識到，吾亦曾受他人之寬容，且吾亦需他人之寬容。

於生活之艱難中，逐漸習得寬容者，能夠寬恕他人者，心中之苦與恨自會減少。

人生無畏，輸贏由心

本文探討了內在修養、崇高品格與寬容心態在個人成長與幸福中的重要性。文章首先指出，內涵與德行勝於外貌之美，並以貝多芬、林肯等人物為例，強調品格對人生方向的塑造力。友善與得體的舉止，不僅能贏得他人尊重，更能帶來利他之樂。此外，寬廣的心靈與幽默的智慧可幫助我們脫離瑣屑與偏見，開闊視野，走向幸福。文章透過「成長錦囊」提供實用指導，鼓勵讀者建立自我準則，放下怨恨，並以寬容之心對待他人與自身，從而實現人生的真正價值與意義。

抱怨只會顯示你的無能

言語與靜默並無對立之處，於交談之際，應適度保持靜默。此種靜默非冷漠與孤僻，而是能獲得他人之尊重。喧譁之言，若非真心，則難以贏得好感。靜默乃成功者之優雅與風範之表現，亦是失敗者不甘受挫、奮起反擊之誓言，還是人們默默攀登、持續進步之階梯。故而，當你欲向世人證明自身之能力時，宜先使自我信服，乃真實有實力之人，而非怨天尤人之者。

◈ 沉默之道：少言勝於多語

若你沉默不語，眾人或許會稱道你的沉穩；然若你喋喋不休，不僅無法顯示你所期望的智慧，反而會使人感受到你的躁動；倘若你長時間滔滔不絕，所言無非是怨言與牢騷，則更顯不智。

法蘭西有言：「雄辯如銀，沉默為金。」然於世之常，時而沉默之道，勝於雄辯，尤勝於那些無謂之怨言。

◈ 包容與沉默：避免多言之害

凡人皆有過失，而那些不能容忍他人失誤者，往往更為頻繁地犯錯。某些人常以嚴苛之態要求他人，若他人稍有差池，便會高高在上地斥責指摘。此類人士，實乃周遭人心中的苦境。若譴責他人成為其生活之常態，其生活必將在此譴責中腐朽變質。面對此等令你不滿之事，需學會沉默，以免自身淪為多言而無益之人。

◈ 謠言之禍：口舌帶來的毀滅

謠言之始，源於口舌。上帝賦予每人一口之言，有者默默無言，言語難以啟齒；然有者卻喋喋不休，製造無數傳說、小道消息及祕密報告，接連不斷地襲來他人，直至某些人被其打倒，這些言辭方才被納入語言之垃圾堆。喜好散播謠言者，真實顯露其劣根，須知，謠言不僅傷害他人，更能毀滅自身。

◆ 守護友誼：嚴守隱私之界限

若你知友之隱私，宜將其從心中抹去，至少應嚴守口舌之關，不使其洩漏於外，需謹慎避免談及友之隱祕。揭露友之傷痕，暴露其隱祕，唯有使友感尷尬與不快，且為小人提供中傷與散播流言之材料。

◆ 遠離流言：明智者的自我防範

若欲使他人之聲譽遭受損害，卑劣之口所言之笑話，較之無恥之謊言，傳播更為迅速。獲得惡名之事易如反掌，因為惡行易信且難以撇清。明智之人應當避開此一切，既需防範庸俗無禮之舉，亦應不傳毫無意義之閒言。

◆ 謹慎應對：不答責難之智慧

勿答他人之責難。倘若他人之見與你相悖，首當釐清其人是否狡猾或愚鈍，或許其中蘊含某種陰謀。因此，宜加謹慎，因前者或使你陷入困境，而後者則可能致你於險境。防備他人之探查，審慎小心乃最佳應對之道。

人生無畏，輸贏由心

本文透過多方面論述了言語的力量與其可能帶來的危害，強調沉默、包容與謹慎在日常交往中的重要性。首先，作者指出沉默常勝於喋喋不休，尤其是在無謂怨言與多言的情境中。其次，過度苛責他人或散播謠言不僅傷害他人，亦損害自身品格。對於朋友的隱私，更需嚴守不洩，避免為小人提供中傷材料。此外，文中警醒讀者，遠離流言蜚語，不傳無意義之閒言。最後，面對他人的責難或不善之言，沉默與謹慎乃最佳之應對方式，防止陷入不必要的困境。

唯有真誠者才能辨識真誠

真誠乃立身處世之無價之寶。可信之者之言，勝於不可信者之千言萬語。人的信譽如無形之財，唯在需求之時，方能不斷供應所需。無過去之經營，則無今日之受益。

◆ 信用累積：漫長之道與速失之險

一個人之於信用的累積，實乃一段漫長的旅程；然則，信用之喪失卻可因一樁事件而速成。故而，年輕者應時刻警惕其言行，謹慎於信用之建立。

◆ 誠信之德：交往中贏得幸福與成功

擁有誠信之德者，無論其缺陷何多，與之交往時，心靈皆感舒暢。此種人物，必能獲得幸福，於事業上亦能有所成就，因為以誠相待，則他人自會以誠相見。誠信乃個人品德中極為重要之部分，在相當程度上，決定著一人靈魂之境界。

◆ 承諾的價值：心靈間的無形約定

遵循承諾，猶如捍衛自身的資產，若失去信譽，便如一無所有。誠信乃是彼此信賴的無形約定，更是一種心靈間的約束契約，其效力超越任何法律條款，實為贏得人生成就的關鍵所在。

◆ 實踐承諾：商業成功的必備之德

承諾固然至關重要，然更為重要者乃在於實踐之道。對商人而言，若其失信於人，必將引發合作夥伴之不信任。若缺乏誠意，周遭之人終將遠離於他……誠實者，乃商人成功所必需之德。

◆ 虛妄之苦：欺瞞者的代價與不安

生活於虛妄之中者，常感疲憊，因其時時惶恐虛假之言將被揭穿；而以詐取利者，須時刻警惕其計謀被識破。心懷不正者，往往因此而食無味、寢難安。欺瞞無法長久獲益，正如林肯所言：「你或可在時時欺騙某些人，或可在某些時候欺騙所有人，然則，無法在所有時候欺騙所有人。」虛假終究會被揭示，且一旦詐騙者之真面目暴露，必將為其所為付出代價。故而，待人應以誠，誠信之人，必較狡詐者更為踏實與安穩。

◆ 誠實為本：贏得信任與尊重的根基

誠實與不誠實，對於一個人而言，差異如天與地。誠實之人最終必將獲得人生的獎勵；而不誠實者，所面對的將是失敗與一無所獲。商人唯有以誠實為本，方能贏得他人的信任與尊重，使合作者樂於接受，員工亦能心生敬仰。

◆ 虛言之重：謊言越多，代價越大

言之若一謊，必需再言十五謊以掩之。言虛乃是一樁繁重之事，初次欺瞞，便需良好之記憶以全力銘記。虛言猶如雪球，越滾越大。於商界，尤不可以謊言欺人，因得之暫時，然終不能得之長久，商界之信用，常以商人之誠實為準。

◆ 慎於承諾：輕率應允的危險

勿輕言承諾。輕率之承諾不僅會使他人陷入困境，亦會損害自身之名譽。華盛頓曾言：「必須信守諾言，勿為力所不及之事而行。」承擔過於艱難之任務或為博取他人之注意而輕易應允，若無法履行，便易失去他人之信任。

◆ 守時之信：尊重時間，贏得尊重

守時者乃是遵循所立之約，準時抵達所定之地，無例外，無藉口，於任何時刻皆可實踐。若你不尊重他人之時間，彼亦不會尊重你之時間。

人生無畏，輸贏由心

本文闡述了誠信對個人成長與成功的重要性，並以實例揭示虛假與輕率承諾的危害。首先，信用的累積需經年累月，但喪失卻在一瞬之間，故年輕人應謹言慎行。其次，誠信不僅贏得人際間的信任與幸福，也是商業成功的根基，而虛妄與欺瞞則只會導致不安與失敗。此外，作者警醒讀者，謊言的代價如雪球般越滾越大，輕率承諾則會損害名譽。守時與實踐承諾則被視為誠信的重要表現，唯有誠信者，方能在生活與事業中贏得他人的尊重與成功的機會。

若不知與他人分享，則唯有獨自欣賞其美

付出必能收穫。無人能夠不勞而獲，若你願意更加勤奮，付出更多，現實將會以加倍的回報來回應。多作奉獻的目的並非為了立即獲得相應的回報，或許你的投入無法立刻獲得他人的認可，然則勿感沮喪，持之以恆地努力，回報或許會在不經意間以意想不到的形式出現。

◆ 分享之德：共創和諧的人際環境

欲求高雅之園，必使鄰里亦栽種珍花。精神之境亦然，若欲維持品德之崇高，須懂得與他人共分享，否則將淪為孤芳自賞，甚至遭受孤僻與無理之名。分享乃為在他日需時得益，促成良好人際與和諧之生業環境。於分享之中，所得者遠勝於所付。

◆ 付出與收穫：播種善意的豐盈回報

農夫所栽種之小麥，非唯為一粒之收穫，然其所獲必遠超所播之麥種數量，或可數百倍之多。類似地，我們所播下之每一顆種子，皆將扎根發芽，帶來豐盈的成果。故而，我等不僅應隨時準備付出，且應樂於奉獻。

◆ 善意的力量：施助他人，收穫更多

以善意施助他人者，所獲必超所付。若君王具此美德，便能博得民心，國政則易於掌控。

◆ 先付出後回報：主動服務的智慧

在行動之前，無需持有「先告訴我你能給我多少報酬，我再展示我的能力」的觀念；反之，應該這樣表達：「讓我先展示我能提供的服務，若你能認可我的服務，則再考慮你能給予的報償。」

◆ 超越期待：額外努力帶來更多機遇

無論你所從事之職業或活動，皆應超越己所分內之事，努力做得比他人所期待者更為出色，然後你將能夠吸引更多之關注，為自身之提升創造更多機會。當信念在心，你所付之額外努力必將為你帶來更豐厚之回報。

◆ 無私之德：善行塑造崇高人格

以無私之心善待他人者，乃是高尚人生之境界。若能付出愛心，則可逐步臻於崇高人格。面對他人之時，雖或失去些許，但所獲者卻無窮無盡。無私之德可使我等遠離小人之狹隘與卑劣，遠離汙穢之事，並以開闊之心與視野，面對浩瀚人生。當他人因我之善行而受惠，必將以善行回報之。

◆ 不求回報的善意：豐厚的精神回饋

非為報答而施予之援助，其所得更為豐厚。個體對他人之助益愈多，其所獲亦愈多。若能與他人言幾句勉勵之詞，便可獲得他人真摯之微笑，己方所得者乃是喜悅。那些對他人漠然者，雖不會失去什麼，然則易使自身陷於孤立無援之境。

◆ 施恩之道：適度恩惠贏得人心

施予恩惠，宜慎勿使他人陷入無法回報之境。若付出過多，則非付出，反而為販賣。切勿耗竭他人之感激，若他心存感激而無力回報，則必將與你斷絕聯繫。對於眾多之人而言，若恩惠過於豐厚，致使其無法償還，則你將失去其心。既然無法回報，則他們必會退避，甚至甘願成為你之敵。施予他人所需之卑微物品，此乃巧妙之施恩之道，能使你獲得更多之喜愛。

人生無畏，輸贏由心

本文闡述了分享與善行在構建和諧人際關係及提升人生價值中的重要性。分享不僅能促進共同成長，也能令施予者收穫豐厚的精神回報。文章強調，付出應不求回報，無私之心能塑造崇高人格，遠離狹隘與卑劣。同時，適度施恩是贏得人心的智慧之舉，過度的恩惠反而可能使他人感到壓力與疏離。此外，額外努力與主動服務能為個人帶來更多機遇與尊重。善行不僅使施予者的人生更加豐盈，也讓社會變得更為美好。

非菁英者，亦應使自身呈現菁英之姿

一位衣著整齊者，自然更受人青睞，相較於一位不修邊幅者。在當今社會，生活節奏日益加快，眾人皆忙碌無暇，鮮有時間細緻觀察陌生人。因而，眾多人的評判，往往基於外表。

若在此情形下，你衣衫不整，即便才華橫溢，能力卓越，亦難以被他人視為人才或紳士。

◆ 得體裝扮與誠懇服務：商業成功的基石

若商人能以得體之裝扮，且將其業務運作得當而迅捷，則其所投入之財富至少可得一半之回報。倘若更能精進其技藝，洞察顧客之心思，並以誠懇之笑容迎接客人，則其所獲利潤至少可達所投資資本之等量。此乃真實之理，經驗豐富者常對衣著整齊、舉止穩重且反應敏捷之人抱有好感，因與此類人士共事，常使自身亦充滿熱情。

◆ 端莊舉止：塑造個人形象的準則

無論何時何地，舉止皆應端莊，應如高雅之士般行事。切勿讓環境左右自身之行為，應建立一套屬於己之準則。即使狂歡與飲酒能帶來快樂，亦不應隨波逐流。即便參與公共活動，對自身行為亦需有所節制，切忌因一時之興奮而損毀自身之形象。

◆ 衣著之影響：外表透露品味與背景

有人言：「倘若一女子裝扮失當，大家自會矚目她的衣飾；若其裝扮無可挑剔，則大家必將關注於其本身。」眾人常以一人之衣著，揣度其地位、家世、修養及教育背景，故應時刻留意自身之衣著品味，以避遭不善之揣測。

◆ 樸素之魅力：衣著不奢華亦可吸引

我們的服裝應當合宜，然不必奢華，樸素的衣著乃具最為吸引之魅力。雖因境遇所限，無法獲得更佳之衣物，然亦無需因一套簡陋之服裝而感到羞愧。

◆ 角色與服飾：衣著應符合身分要求

依據個體所扮演的社會角色，應選擇適宜之服飾。每一人皆承擔特定之社會角色，該角色附有明確之言行及服裝。例如，社會地位較高者，應展現端莊之外表及整潔之衣著，若過於追求時尚或新潮，則可能與其身分不符，進而影響其社交之效果。

◆ 場合與穿著：遵循規範的必要性

在多樣的環境中，應當選擇適宜的衣著。各種場合要求不同的服裝風格，如若受邀參加商務酒會，則不應以休閒裝出席。當然，某些特定環境對於穿著亦有其明確的要求。因此，在此情況下，我們應該遵循交際的規範，甚至不惜放棄個人風格，以作出精心的選擇。

◆ 個性化著裝：彰顯獨特風采

衣著應當彰顯個體之風采。在角色要求得當之下，宜倡導衣著之個性化。除卻需統一著裝之職業外，其他人皆可在服飾上享有廣泛之選擇。吾人可依自身之嗜好、氣質修養與審美趣味，作出選擇，以展現自我之獨特風采。

◆ 服裝之美：穿著的三重境界

外在裝扮之重要，首在於服裝之美。服裝之美可分為三重涵義：其一，乃服裝本身的和諧美，如款式、色彩、線條與面料之搭配；其二，展現穿著者之人體之美；其三，服裝所增添之穿著者氣質之美。若能於著裝中達成第二層次，已屬不易；若能臻於第三層，則可謂掌握了著裝之道與學問，登上至高之境。

◆ 風度的力量：人生困境中的珍寶

缺乏風度，即便掌握真理，我等亦會陷入尷尬之境。若具風度，便可彌補不足，縱使拒絕他人，亦使其感受此拒絕非難以承受。風度使真理變得甘美，令蒼老之容煥發青春。良好的風度乃人生之珍寶，助人擺脫困境。

人生無畏，輸贏由心

本文闡述了得體裝扮與舉止對個人形象、社交與成功的重要性。馬登指出，商業中的得體著裝與誠懇服務能為商人帶來豐厚回報，而端莊舉止是個人形象的根基。衣著不僅反映個人品味與背景，也應符合場合及社會角色的要求，既不能過於追求奢華，也不能忽視細節。在特定規範下，個性化著裝能展現獨特風采，而服裝的美不僅來自其款式與色彩搭配，更在於其展現的氣質之美。最後，文章強調風度的力量，良好的風度能彌補缺憾，讓人際交往更加和諧順暢，是人生中的一項珍寶。

微笑，乃是獲得較他人更多機會之有效途徑

微笑之力，超越言辭。常以微笑示人者，常能更易博得他人之好感，因其笑容乃善意之使者，能照亮所遇之人。無人願助那些面帶愁苦、眉頭緊鎖者，許多人在社會之中立足，皆自微笑而始，許多在社交中享有盛譽者，亦是由微笑而起。微笑之奇妙，能於生活中激起層層漣漪，使生活之湖泊顯現出源於生命深處之美。

◆ 微笑的吸引力：真誠之笑贏得人心

某人進行了一項有趣的實驗，以證明微笑的吸引力。他為兩位參與者佩戴了完全相同的面具，面具上毫無表情，隨後詢問觀眾他們更喜歡哪一位，結果幾乎一致：皆無所好。因兩者皆無表情，因此觀眾無從選擇。接著，他讓兩位參與者取下面

具，令其中一人雙手環抱於胸，愁眉不展且默不作聲，而另一人則面帶微笑。再度詢問觀眾：「此刻，你們偏好哪位？」答案同樣一致，他們選擇了那位面帶微笑者。由此可見，微笑乃自我表達之語言，面帶微笑者更易贏得他人之心。

◆ 幸福與微笑：展露笑容帶來愉悅

有人言：「若女性出門時忘記化妝，最好的計策便是展露微笑。」微笑者，乃眾表情中最能引發他人愉悅之態。幸福之人，絕不以愁苦之面相伴，而是常帶甜美之笑，生活多是歡愉。自心底流露之微笑，足以使陰霾之天際重現光輝。

◆ 微笑的距離：縮短人際隔閡的潤滑劑

有人說：「微笑是二人之間最短之距。」在交際之道，真誠的微笑可縮短人際間之距離。尤以初見之時，人們常感不安，心存戒備，而微笑則為人際關係之潤滑劑，能消除初見之時之憂慮，使得人與人之間之溝通愈加順暢。

◆ 演說與微笑：和諧氛圍的創造者

於演說時，微笑乃可創造和諧之氛圍，消解聽眾之牴觸情緒，激發其情感，緩和矛盾。微笑能夠映照出一人的內心世界，真誠之微笑乃美好心靈之外在表現，亦為其心地善良、待人友善之彰顯，更是其文化涵養與風度之具體展現。

◆ 微笑之宜：場合與真誠的平衡

微笑固然可取，然則需明辨場合。於重要集會、突發事件及追悼之際，自然不可輕易微笑。平日之微笑，應以真誠為本，自然且得體為宜。至於無笑而作笑、皮笑肉不笑、虛情假意之笑、僵硬無趣之笑，甚至勉強擠出的笑容，皆令人厭惡，反而不如不笑。

◆ 微笑之藝術：愉悅心境與人際和諧

微笑之魅力無窮無盡，猶如一座強大的磁石，吸引著四周之人。關於微笑之藝術，我們應當領悟的是：

1. 應當具備恰當的心境。
2. 於他人心中播撒愉悅之感，亦能使自身獲得喜悅。
3. 微笑之時，心中一切不快或不自然之感皆趨於靜謐與和諧。
4. 微笑之習，賜予我等完美之人格形象及愉快之生活境界。

◆ 工作中的微笑：助力成功的十項益處

唯有在愉快的心境中從事工作，方能在其事業上獲得佳績。在工作之際，微笑之益至少有下列十項：

1. 消除自我卑微之感。
2. 增添自身之魅力。
3. 將你的仁慈與關懷有效地傳達於他人。

4. 能夠使他人受到感染，令他人共鳴而笑，從而創造出和諧的對話氛圍。

5. 培養他人對自己的信任。

6. 能夠去除自身與他人之間的「障礙」，並開放雙方的心靈。

7. 可消弭雙方之戒備與不安，從而打破僵持之局。

8. 能夠克服自身之悲傷，迅速重建自信。

9. 情感之捷徑。

10. 增進生氣，對健康大有裨益。

人生無畏，輸贏由心

本文深入探討了微笑在人際交往與工作生活中的巨大影響力。文章首先透過實驗闡述了微笑對他人的吸引力，指出微笑能帶來幸福、縮短人際距離並化解溝通障礙。真誠的微笑在演說與日常交往中能創造和諧氛圍，彰顯內心善良與文化修養。然而，微笑須合宜，避免流於虛假或不適之場合。文章最後提供成長錦囊，強調微笑的藝術與其在工作中的十項益處，包括增強魅力、建立信任、打破僵局及改善健康。真誠的微笑不僅是人際交往的橋樑，也是提升自我形象與生活品質的關鍵。

只有懂得低頭，才能高傲地站立

蘇格拉底曾言：「天地之間，唯有三尺之高；若欲長久立於此者，必需懂得低頭。」自高自傲之姿乃一種生存態度，而知曉適時低頭者，則顯現生存之智慧。若人以柔和與謙遜處世，便可於吸納與領悟中不斷自我提升。唯有知曉低頭，方能自信地屹立。

◆ 虛張聲勢的危害：驕矜使才華受損

才智卓越之人，常不逞口舌之能。此等裝腔作勢，猶如一種廣泛流行之疫病，非但使其自身承受沉重負擔，且使他人亦受其累。那些妄自尊大的者，於事無大小，皆小心翼翼，自繫枷鎖，倍受煎熬。即使是偉大的天才，亦因虛張聲勢而被世人視為驕矜無禮，致使其才華受損。

◆ 謙遜之美：成功者不可或缺的美德

一位不以自我為中心者，常顯得獨樹一幟；一位不自以為是者，必將超越常人；一位不自誇者，終將收穫成功；一位不自負者，必將不斷進步。若你謙卑，則他人必會感到尊崇；若爾質樸和善，他人自願親近，認為爾可信可親。謙遜者乃欲求成功之人所不可或缺之美德。

◆ 身分的束縛：創造價值勝於表面意義

人的身分乃自我認同之展現，然此認同亦為自我之桎梏。自我認同愈為堅固，自我限制亦愈為嚴厲。富家女不願與其保母同席而食，博士亦不願屈身為清潔工……彼等以為，此舉損害其身分。然而，真正之成功者則見解不同，身分非個人價值之意義，唯有能創造卓越價值者，方能稱之為有身分之人。

◆ 唯我獨尊的代價：謙遜方能贏得尊重

自我尊崇之過度誇耀，常使人厭惡，尤以高位者為甚。若再表現出一副自大的姿態，必將加深他人之厭惡。常以唯我獨尊之態度，或因他人之羨慕而目中無人，必然招致眾多嫉妒。爾欲竭盡心機以求他人崇拜，然此願難以實現，因崇拜之事不可強求，其根本在於爾是否值得他人之尊重。應從謙遜開始，逐步贏得他人之尊重，此過程常顯漫長，故需耐心待之。

◆ 傲慢與讚譽：膨脹的志向通向失敗

膨脹的志向必將摧毀我等之幸福與機遇，而傲慢則助長此志向之膨脹。猶如鼠見夕陽下延展之影，妄想吞噬龐然大物，傲慢使人心生不切實際之渴求。為免自取其辱，吾輩應在讚美面前保持冷靜與自省。心中常存一衡，時刻權衡讚譽與自身之才幹是否相符。

◆ 懈怠與墮落：成功後的陷阱

那些自誇已然成就斐然者，往往失去奮鬥之心。許多人之所以遭遇失敗，並非因其才智不足，而是因他們自認已達成功之境，無需再行努力。彼等曾經奮鬥不懈，克服無數艱辛，憑藉意志與勤勞，將許多似乎不可能之事化為現實，然後在獲得微薄之成就後，無法承受考驗，漸漸懈怠，放鬆對自我的要求，隨後逐漸下滑，最終淪於深淵。

◆ 社會聯繫的重要性：平衡自我與他人

在行事之際，必須顧及他人之感受，無可一味追求獨立之道。若以但丁之言「走自己的路，讓別人說去吧」為訓，則在年輕人中激起一股叛逆之風潮，致使眾人行事時忽視他人之感受，僅考量己之見解。此種思想與行為，世人稱之為個人主義。然則，人類乃社會性之生物，雖不必然群居，然每個人皆不可避免地與他人建立某種社會關係。每一個人皆非孤立之個體，與他人之聯繫不可忽視。此故，吾人需能聆聽他人之意見與建議，否則或因自負與傲慢而遭受苦痛。

◆ 傲慢與失敗：妄自尊大的隱患

傲慢常與愚昧交織而生。當成功即將崩潰之時，傲慢便悄然現身，預示著失敗的來臨。若一人產生驕傲之念，便會輕視權威與法則，妄自尊大，將他人視若無物。即使面對勸告，仍會固執己見，堅信自身無誤，拒絕接受任何忠告，否認世上有比己更優者，無視客觀實際，目空一切。最終，這樣的行為將引他走向失敗之途。

◆ 虛榮的代價：內心之實勝於外表之虛

那些未具資格者，往往最易自負。常常口出狂言，心中只求他人的讚譽，最終成為笑柄。成就越顯赫者，越能摒棄虛榮，無需四處宣揚。踏實做好應盡之責，不必理會他人之言。毋需在外炫耀無根之功績，惹得明智者之嘲弄，與其表面如英雄，不如內心實為英雄。

◆ 俯首之智慧：人生中的必修課

勇於俯首者，非但勇氣，亦是才智。若將人生比作攀登高峰，有人方在山腳起步，有人已至山腰奮進，有人已登頂巔峰。無論所處何地，皆宜自視為最低之位，縱然已達巔峰，亦須理解適時俯首之道。因為，在你所經歷的漫長人生旅程中，難免會遭遇碰撞之際。

◆ 謙遜待人：以誠相對，避免自我膨脹

自我膨脹之人，終將遭遇高懸之門框，因而屈身乃明智之舉。吾等應從以下幾方面修正自身：

1. 勿以高傲自居，待人應以誠相對。

2. 以謹慎之態度行事，勿隨意許諾與誇讚。

3. 常時應當保持對他人意見的敏感，免使自身之主觀見解妨礙真理之探求。

4. 時常自我反省。

人生無畏，輸贏由心

本文探討了謙遜與傲慢對個人成功與人際關係的深遠影響。文章指出，驕矜與自負不僅會使人失去他人的尊重，還可能阻礙自身的成長與進步；傲慢常與愚昧交織，最終導致失敗。相反，謙遜與自省能幫助人贏得他人的尊重，並提升自身格局與品德。作者強調，在行事中應顧及他人感受，避免陷入狹隘的個人主義，並提醒讀者在面對讚譽時保持冷靜自省。並提供了實用建議，如以誠待人、謹慎行事與常自我反省，幫助個人克服自我膨脹，建立平和而健康的心態。

於嫉妒他人之際，宜思量自身具何資格以致嫉妒

世上智慧之士眾多，然能免於愚昧者寥若晨星。即使一人聰慧超群，其性格難免有瑕疵。少數人能以理智和意志遮蔽其缺陷，掌控自身命運；而他人則被性格所驅，無視周遭，最終喪失了行為的自主與控制，任由命運擺布。故此，二者之人生迥然不同。

◆ 性格主宰命運：守護自我，行走波折

命運之中，所有的成敗與悲喜、偶然與必然，皆可由性格之所解釋。時光將變更個體之性格，而個體之階段性格則決定其所行之路，這便是性格主宰命運之軌跡。若因故步自封與剛愎自用而忽視周遭之成事條件，則易淪為性格之犧牲品。唯有自我守護，方能於命運之波折中自在行走。

◆ 欲速則不達：扭曲思維埋下失敗之種

若一人欲速成其理想，或將施行不當之行為，其思維亦將受到扭曲。於行事之際，已然播下失敗之種，待此種子生根發芽，所引發之嚴重後果，往往難以承受，甚至可能致其於致命之境。

◆ 嫉妒的侵蝕：美好生涯的致命囚籠

「如同摧毀麥穗一般，嫉妒之魔常在陰影中，默默地侵蝕世間之美！」若被嫉妒所纏繞者，若不迅速逃離此囚籠，其生涯將淪為一場悲慘之劇。

◆ 嫉妒之火：燃燒自己與他人的痛苦

若競爭者獲得成就，嫉妒之心便隨之而生。倘若被嫉妒者屢屢獲勝，嫉妒者則將永陷苦楚。成功的號角不僅頌揚了成功者的卓越，更宣告了嫉妒者痛苦的開端。眾人常對他人的嫉妒心態漠然，但不知嫉妒之力之巨大，遠超乎我們的設想；不僅他人的嫉妒會對我們造成傷害，而當我們內心的嫉妒之火熊熊燃起時，受創者往往是我們自己。

◆ 怨言的代價：招致輕視與羞辱

常以怨言為口者，非但無法贏得他人之同情，反而淪為嘲弄與輕視的對象。怨憤之情如同菟絲子般糾纏於他人之身，令人厭惡。於某些時刻，那些傾聽我等怨言者，甚至可能模仿我等所怨之人。對往昔屈辱之訴說，終將招致未來之羞辱；本欲尋求他人之援助與慰藉，然最終卻只會激發聽者之輕蔑。

◆ 憤怒的損害：失去理智與敬重

憤怒之情，常使人理智喪失。憤怒者往往將微小之事視若天塌，因而過於認真，誇大了自身所受之傷害。他們誤以為憤怒能增強其在他人心中的權威，然則事實並非如此。憤怒不僅不增其威信，反而使其被視為缺乏理智，難以成就大業。怒火中燒，反而使人失去他人的敬重，眾人會認為其缺乏自制，因而更加輕視之。

◆ 過於耀眼的危險：低調方能遠離嫉妒

勿使自身於萬事皆引人注目，縱使是優點，若眾所周知，亦將化為缺陷，此時你將遭人冷落，甚至被戲謔為異類；即使容貌，若過度妝扮，亦會損害名譽，因其過於耀眼，必引來他人之嫉妒；即便學識，若言辭過多，亦將變為不切實際之言論。

人生無畏，輸贏由心

本文探討了性格中的各種負面情緒對命運的影響，強調自我守護與理智行事的重要性。性格決定命運，若因剛愎自用或欲速則不達，往往會導致失敗的結果。嫉妒心如同囚籠，不僅損害他人，也會反噬自身。而怨言與憤怒則會令人喪失他人的尊重，甚至引發厭惡與輕視。最後，文章提醒人們避免過度炫耀自身優點，低調方能避免嫉妒與冷落。唯有謹慎處事、克制情緒、內心平和，方能在命運的波折中立足，實現人生價值。

我們需要的是激情

若一人對於學習懷有熱忱，則必能在學問的追求中發現其樂趣；若對於集體之利充滿熱情，則能在群體中展現其才華。若對他人多一分關懷與援助，則自會獲得他人的支持與幫助。以寬容與誠實之心對待他人，則將收穫珍貴的友情、愛情、親情及師生之情。

◆ 激情的力量：激勵行動的根本驅動

愛默生曾言：「歷史上，沒有一項偉業不是因為激情而成。」激情並非虛無的詞彙，而是一股重要的力量。激情能夠激勵人們對其所從事之事採取行動，且其影響力深遠，不僅對其他熱衷者具重大作用，凡是接觸過它者皆會受到其感染。

◆ 樂觀的影響：笑容與熱忱帶來歡愉

在德意志的歷史中，曾有一條荒謬的法令，聲稱「整日嬉笑將使民眾忘卻戰爭之苦。」因此，這位君主遂決定禁止人民展露笑容，命令國民以嚴肅之態面對生活。自此，德意志的大街小巷再無歡顏，整個國家瀰漫著緊張與悲觀的氛圍。如此，國家又如何能實現富強呢？

一位渴求成就之人，必需以滿腔熱忱面對生活，且需以積極樂觀之心態看待世事，面容常掛笑意，斯不僅能自我愉悅，亦能使周遭之人共享歡愉。

◆ 熱情的價值：性情開朗者的幸福密碼

懷著熱情之人常面向旭日，遠離幽暗。故而，他們不僅性情開朗且生活亦充滿光明。即便在艱難之際，他們總能將險境化為安然。因為不僅命運之神眷顧他們，世人亦樂於將友誼賜予帶來快樂之人。熱情如同真善美之使者，懷著熱情者猶如吉祥之鳥，為世間傳遞幸運之音。熱情之泉源於對生活的熱愛與信任，並可透過多種方式展現。只需以積極與寬容之態度面對生活，周圍之人便能感受到我們的熱情。

◆ 內心映射：激情在面容上的表現

一人之心中所思，必然映照於其面容。倘若此人正遭受苦難，眉頭自會緊鎖；若其內心充滿恐懼或對生活與未來感到絕望，則難以自拔於困境；然若我心中燃燒激情，即使艱辛重重，亦能堅持克服。

◆ 激情的持久力量：激發熱愛與共鳴

激情乃是一種持久而執著的心理狀態，展現為一種不斷湧動的熱情。此種狀態能夠激勵個體積極面對生命與當下的生活。更者，其感染力顯著，凡與之接觸者皆會產生心理共鳴。

哈佛大學的教授威廉・詹姆斯曾言：「激情有能力轉變個體對他人、工作、社會及整個世界的態度。激情使人更深切地熱愛生活。在建構成功之基時，唯有激情方能奠定堅實的根基。」

◆ 熱情與成就：冷漠非成熟之象徵

毋庸置疑，冷漠非成熟之象徵，真正所需者乃是熱情。歷史上諸多變革與奇蹟，無論在社會進步、經濟發展、哲學或藝術的探索，皆因參與者全心投入的熱情而得以實現。那些充滿熱情者，其熱情不在於選擇所愛之事，而在於真心熱愛其所從事之工作。

◆ 熱情決勝：平凡與卓越之間的分野

「無一偉業非由熱情所驅動。」良好的母親與卓越的母親、優秀的演說家與傑出的演說家、稱職的業務員與傑出的業務員之間，最顯著的區別在於是否具備熱忱與興趣。

◆ 激情的培養：以正向語言點燃熱情

激情非天生之物，而是可由後天培養而成。若欲成為熱情之人，當可從以下三方面著手：

1. 養成運用正向、正向語言的習慣。應避免說「我試試看」，而應表達為「我將會」等積極的措辭。

2. 努力行善，方能有所收穫。無人能在物質的富饒與財產的累積中獲得持久的滿足。真正的幸福源於施與、慷慨的付出及心懷感恩。

3. 在集體中探求熱情與愉悅。正向且積極之團隊乃熱情之泉源，應匯聚志同道合之人，每月聚會一次，共同探討達成目標之道，互相激發創意。

人生無畏，輸贏由心

本文闡述了激情在人生與事業中不可或缺的作用，並提供了培養激情的具體方法。激情不僅是實現偉業的根本驅動力，亦是成功生活與職業的基石。文章透過愛默生與威廉·詹姆斯的名言，強調了激情對個體行動力、內心態度與人際關係的影響。熱情能夠感染他人、化解困境，並推動歷史進步與個人成就。同時，文章指出，激情非與生俱來，而是可透過正向語言、行善與團隊合作後天培養。唯有擁有對生活與工作的熱情，方能走向幸福與卓越之境。

第十章

提升自身的生活資本

要想別人靠得住，先要自己站得住

欲成為何種人，必與何種人共處。欲為成功者，宜與成功者為伍，方能營造成功之氛圍。於此氛圍中，年輕人得以向成功者學習其思維之道，感受其熱忱，領悟並掌握處理事務之技巧。

◆ 環境的影響：思想隨環境而改變

將一朵黃玫瑰嫁接於黑李樹之上，所獲之花非淡黃而是粉黃。若將比目魚置於黑磚之上，則其色將隨之而變；若置於沙土，其色亦隨之改變；若安於翠綠水草之中，則迅速轉為翠綠。人類之思想觀念，猶如玫瑰與比目魚，皆隨環境之變化而變化，故欲成就何種人格，當選擇與何種人為伍。

◆ 交友之道：朋友層次決定人生高度

交友之道，乃在於所交之友之層次，吾等之境界便將與之相仿。如同生物之膚毛常與其棲息之地相協調，人的思維亦會隨之所交之人而趨於一致。人生之根本所需，乃尋得能激發己之潛能者，與此等朋友相伴，成就之機率則大為提升。彼等之存在，能喚醒我心中之崇高情懷，助我開啟成功之門。

◆ 成功的夥伴：與卓越者同行

「何以他人能成為千萬富翁，而我僅止於百萬之富？難道是我之努力尚嫌不足？」一位百萬富翁向一位千萬富翁請教道。

「你常與何人共處？」

「與我為伍的皆是百萬富翁，他們資財豐厚，且具備良好修養……」那位百萬富翁自豪地回應。

「呵呵，我常與千萬富翁為伍，故我能成為千萬富翁，而你僅能為百萬富翁。」那位千萬富翁輕鬆地回應道。

◆ 效法榜樣：追趕並超越卓越者

選擇一位卓越之者作為我們的榜樣，然則不宜事事仿效或追隨，應以追趕並超越之為志。世間各類偉人，皆為我們獲得名譽之生動教材。人們應於自身所屬之領域，挑選一位卓絕之士為效法之對象，然非盲目模仿，而是立志超越。

◆ 友誼的影響：與傑出者為友

傑克乃是美國印第安納州一小鎮之鐵道電信事務所新任職者。他對其初入學之子所言：「於學堂中應主動與傑出者交往，具才之人無論何事皆能成就……」友誼雖因偶然而生，然友人對個體之影響甚巨。故在交往之際，宜審慎思慮，選擇那些優於我者，此舉可使我更趨成功之途。

◆ 選擇良伴：卓越之友帶來成長

與卓越之者為伍，則我輩自當隨之而進，獲得顯著之成長。若與惡徒為伴，則我輩或將陷於不利之境。與品德高尚者同處，心靈便得以昇華，亦能感受到他們之光輝照耀。

人生無畏，輸贏由心

本文探討了環境與人際關係對個人成長和成功的重要影響。作者以玫瑰與比目魚的比喻，指出環境對思想與性格的塑造力；交友之道則決定了一個人的成就高度。與卓越者同行不僅能提升自身能力，也能帶來更大的成功機會。然而，文章強調，效法榜樣應立志追趕與超越，而非盲目模仿。同時，友誼對個體影響深遠，選擇品德高尚與能力卓越的朋友有助於提升自我。總之，環境與人際交往是塑造成功的重要因素，應謹慎選擇並積極與卓越者同行。

一百個朋友就是一百個機遇

「結交一位朋友總勝於得罪一人。」此言有其真理。因為百友不算多，而仇敵只需一人便已不少。欲成為受人喜愛者，方能於困厄之時獲得援助。

◆ 卓越人際關係：成功者的關鍵才能

卓越之士，其根本才能非其專業所長，乃在於其卓越的人際交往之道。此類人物常常花費更多時間，與那些在關鍵時刻或可提供助益之人建立良好關係，因而在遭遇困境或危機時，能夠輕易化險為安。

◆ 多元交往的價值：差異締造智慧與奇蹟

與各異之人交往，能創造奇蹟。當人們分享不同之習俗、品味及知識時，亦使其判斷力與智慧在不知不覺中增長。故此，無需刻意用心，便可提升自身修養。於選擇友人之時，宜採此原則，彼此不同之兩端，能締造更為有效之中庸之道。

◆ 敞開心扉：廣泛社交網路的裨益

敞開心扉融入社群，且與他人共享資訊，乃個人成就之基石。所識之人愈多，獲取資訊之速與量亦愈加豐厚。廣泛的人際交往網路，對我等之職務與事業之裨益，實乃不言而喻。

◆ 真誠經營關係：友誼須常聯繫非臨時求助

應時常檢視手中之名錄。此名錄之價值可達百萬，我等之同窗、友朋及家族者，皆為潛在之貴人。然而，於現實之境中，某些人為人過於功利，平日對他人冷淡，甚至冷嘲熱諷，然於有求於人之際卻異常熱情，此類人往往難以成就。在他人之眼中，你僅將其視為可供利用之工具，當你求助於他時，他人必然不情願。故而，經營人際關係應將時間投入於平日，常與友人聯繫，彼此之情誼自會愈加深厚。

◆ 參與社交活動：善待渴望結識者的機遇

成為一位樂於結交之友者，積極參與各類社交活動，乃拓展人際關係之途徑。吾等可選擇加入某一社團，如集郵會、健身俱樂部等。無論何時何地，應對希望結識者持開放之態度，切勿立刻拒絕，而應即刻作出友好的回應，以示友善與真誠。須記住，善待一位渴望認識之人，即是獲得一次事業良機。

◆ 主動交往的四大關鍵

若欲達成主動與他人交往之境地，當可從四個要素著手：

1. 於任何場合，皆可主動將自身介紹於他人。

2. 主動探詢對方之名、職位、生活及其所從事之工作。

3. 需精確記憶對方之姓名及職位，於交談之際，切勿忘卻稱呼其職位。

4. 若欲與新朋友深化交情，則可撰書信、致電或親訪其所。

人生無畏，輸贏由心

本文闡述了人際交往對成功的重要性，並提供了拓展與經營人際關係的實用建議。作者指出，卓越的人際關係是成功者的關鍵才能，能在困境中助其化險為夷。同時，多元交往能開闊視野，增長智慧，而敞開心扉融入社群則可建立廣泛的資訊網路。文章強調，真誠經營友誼須常聯繫，而非臨時求助，並建議參與社交活動，善待每一位希望結識之人，因為每次交往都是一次潛在的機會。成長錦囊進一步提供實用方法，包括主動介紹自己、精確記住對方姓名與職位，以及撰書信或致電以深化友誼。良好的人際關係不僅是成功的助力，更是人生的重要資本。

趁年輕，交到一輩子的知己

友情之花，既能在刺骨寒風的峭壁上綻放，亦可在溫暖肥沃的山谷中盛開。只需心靈中有那陽光與雨露的滋潤，便能在任何境遇中，見證友情之花的盛放。真正給予你友情的夥伴，無論是在艱難困苦之境，或是在安逸舒適之地；無論是在巔峰之上，或是在幽谷之中；無論是在漆黑的暴雨之夜，或是在清新的晨曦中，皆會使你感受到他們的深厚友情。

◆ 持久友誼：如久釀之酒般芬芳

持久的友誼，如同久釀之酒，芬芳醇厚。在建構個人的交際圈時，宜留意結識那些彼此深信不疑的終生摯友，與之建立不渝的情誼。在追求成功的旅程中，此類友誼愈加難能可貴。

◆ 選擇友伴：命運的基石

一人的命運，與其所交之友及所遇之人息息相關。選擇友伴，實則選擇命運，故觀察一人之友可知其本性。良善之境能助人成功，而惡劣之境則阻其進步。若欲成為成功者，當先審視周圍之友是否值得交往。

◆ 真摯友誼：生命中的支柱

真摯之友，必然成為我輩生命之支柱，於喜悅時與我共慶，於悲傷時與我共憂，於得意時誠心祝賀，於失意時伸出援助之手。有人嘆曰：「此生得一知己，已足矣！」他人則言：「世間最美之物，莫過於幾位智慧且心地正直之友。」友誼之珍貴，使諸多智者感慨不已。

◆ 包容與建議：擴展人脈的智慧

以包容之心接納友人。包容之心乃是善於聆聽友人之見解與批評。唯有善於吸收他人之言者，方能迅速成長。欲求更多更佳之友，宜培養寬廣之心。建構人脈之目的之一，便是為己增添外在助力，能給予己見之友，乃世上最珍貴之友，處處尋覓友人及其建議，實為理智與成熟之象徵。

◆ 情感投資：細節之舉拉近人心

記住他人的生辰，於其誕辰之日，寄上一張賀卡，或贈予一束鮮花，或為之舉辦一場小型的慶祝會，必能獲得良好的效果。於他人心中所引發之情感波動，乃金錢所無法匹敵者。常常，情感乃為眾人之弱點，人之最易受侵擾之處。若能妥善運用情感之投資，則定能獲得意想不到之成效。

◆ 贈品之道：以興趣喚起深情

贈與乃情感之載體，最佳之贈品者，當依對方之興趣、愛好而選擇，具意義或耐人尋味之小物。譬如，為病中之友送上一束鮮花，必能增其愉悅，強化戰勝疾病之信心；為遠方同窗寄送母校之影像，必能喚起其對學時美好回憶；贈與熱愛文學之友一套經典名著，無疑會令其欣喜若狂，愛不釋手；為所愛之人送上一條美麗之絲巾，必能使其含情脈脈，依偎於君懷……

◆ 細微關懷：贏得他人青睞的祕訣

每一位個體皆渴望他人對其給予重視，使其感受到獨特之處。故此，當我們施予他人某種特別的關照或略多之恩惠，或以使其感到特別之言語相待時，便能引發對方之好感。例如，稱讚他人之衣著風采，或在其身體不適時提示其服藥之時，這些細微之舉皆能助我們贏得他人之青睞。

◆ 專注聆聽：滿足他人渴望，贏得好感

聆聽之道，能滿足他人渴望被重視之情，進而贏得他人之好感，亦能使己心靈愉悅。故此，吾等應當掌握以下幾種聆聽之技巧：

1. 專心致志地聆聽。無需理會四周的喧囂，應注視對方，透過點頭或手勢來鼓勵其繼續表達，以示己方全心投入於傾聽之中。

2. 助他人繼續言說。於他人發言之時，吾等可運用簡短之評語或疑問，以示傾聽之心，縱使僅簡而言之如「誠然？」或「多言之。」

3. 需修習以察其言外之意。聲調、肢體動作及目光，甚至對方之足跡，皆能揭示其所欲表達之意圖。

人生無畏，輸贏由心

本文探討了建立深厚友誼與人際關係的重要性，並提供了具體方法。文章指出，持久友誼如同久釀美酒，愈久愈珍貴；真摯的朋友是人生支柱，能在喜憂與得失中提供支持。選擇友伴等於選擇命運，應審慎挑選良友，並以包

容與聆聽接納他人。記住他人的生辰、贈送符合對方興趣的禮物及細微關懷，皆能拉近彼此距離。總結了有效聆聽的三大技巧，強調專注、鼓勵對方表達，以及察覺言外之意。唯有注重細節與真誠交往，方能建立深厚且長久的友誼與人際關係。

關鍵不在於你所掌握的知識，而在於你所結識的人

專業知識在一人之成功中所占之比重僅為十五，而其餘之八十五則取決於人際交往。專業技能常僅能為人打開一扇機會之門，而交際才能則能引領至百千個機會。具備專業能力者僅能發揮自身之能量，然交際才能則能使其充分利用外界無窮之能量。故無論所從事之職業，若能妥善處理人際關係，則如同已走過成功之路八十五的路程。

◆ 觀察交往價值：從舉動窺見本質

一人之交往價值，需我等作出明晰之判定。其面貌與舉動，乃判斷之法。無論其行事多麼巧妙、隱祕，外人總能從其眼神與動作中窺見端倪，故應細心觀察對方之所作所為。

◆ 交友須崇尚原則：遠離卑劣與無榮譽者

吾等當常與崇尚原則之人交往，並以言行以換取其好感。崇尚原則者胸懷坦蕩，處事光明磊落，雖有誤解，亦會公正待我。寧與高尚者爭辯，勿與卑劣之人爭勝。卑劣者缺乏道德感，無原則可言，故與之相處艱難，無法建立真摯之交。切勿信卑劣者之甜言蜜語，因其無榮譽感。榮譽感乃人格之冕，對於無榮譽者，當避之而遠。既不重視榮譽，則必輕視道德。

◆ 高尚友誼的啟發：良友助我昇華思維

結交高尚之友者，實為至關重要。許多卓越之士，乃因結交偉大之友，得以自我提升。畫家占茲因欣賞牟利羅之作，為己之創作尋得新靈感；音樂家海頓因聆聽韓德爾之作，提升其音樂修養。良友常能使我思維昇華，啟發靈感，並帶來快樂與榮耀，滿足與鼓勵。

◆ 與智者為伍：修德與提升之道

常與智者為伍，吾人所言方能獲得讚許，所聞亦能使己受益。以賢者為師，必能提升興趣，達至更高之境界。明智之士常聚於聖賢之所，因彼乃修德之道場，而非沽名釣譽之地。有些人因博學而聞名，非但因其身行表率，與人為善，更因其與志同道合者共築一個智慧卓絕之雅社。

◆ 忠告與包容：友誼的助力與界限

一人之智，必有其限，故其所思之事，常難免缺失；友之忠告，能使其少走彎路。人之精力有限，無法盡覽古今所創之專業知識，故不同領域之友，能擴其見識。然人不可能遊遍天下之名山大川，居於美利堅者，必能訴說紐約之繁華，曾遊歷古文明遺址者，亦能描繪金字塔之壯麗。對友者，宜寬容，勿苛求細節，知曉世間無完美之物，亦無完人，若要求過高，友誼將不復存在。然而，標準亦不可過低，隨意拉攏之人恐使自身陷於不良品行之中，進而招致麻煩。

◆ 與不喜者共處：智慧與處世之道

人之常情，往往傾向於親近志同道合者，亦會避開那些不合己意、難以交往之人。然而，世事常常使人不得不與不喜之人共事。能善於自我調整，與不喜之人和諧相處，乃為真正之強者。每個人皆有其獨特之長，或許我們不喜之人並非毫無優點，其人格也未必有缺陷，或許可從中汲取養分，以充實自我。應當學會放下偏見，寬以待人。與不喜之人共處，乃是一種處世之道，更是一種智慧之展現。

◆ 友誼中的距離：尊重彼此的邊界

無論友誼如何深厚，彼此皆需保持一定的距離。此距離可生出禮儀，因有此禮，雙方得以相互尊重，從而防止因接觸而生之傷害。此禮即為盡量不探詢他人私隱，無論對於親友抑或非親近者，私隱皆為其禁地。

◆ 經營人際網路：分類、維繫與調整

欲善於經營人際之道，需將所擁有之人脈加以分類。首要者，需將與己有直接、間接或無關之人分別記錄；其次，依不同級別有重點地維繫與增進關係；再者，須不斷審視、修補與調整，尤應針對個人之發展、環境之變遷或關係網中之人之狀況，及時作出調整，以構築最新且最為有效之人際網路。

人生無畏，輸贏由心

本文探討了友誼與人際交往的智慧，並提供了實用的原則與策略。文章指出，選擇朋友需以崇尚原則與高尚品德為準，因良友能啟發思維、助益成長；與智者為伍，則可提升見識與品德。此外，友誼需要包容與界限，既要接受對方的不完美，又需尊重彼此隱私，以維繫長久的關係。文章同時提醒，應學會與不喜之人和諧共處，這是一種處世智慧。最後，作者強調，經營人際網路須分類管理、重點維繫並隨時調整，以構築最為高效的關係網，助力個人發展與成功。

窮，也要站在富人堆裡

結交成功之士，非一朝一夕之事。首先須肯付出，勿計較眼前之利，應培養自身之風度與氣質，令自己成為舉止優雅、文明大方之人，切忌表現得過於急於求成。

不論我們懷抱何種目的，付出多大代價，與成功人士建立聯繫並非一朝一夕之功。若過於急切地表露意圖，表現出諂媚之態，則可能喪失成功人士對我們的好感與尊重，這實在是得不償失。

◆ 婚禮中的自我展現：人際關係的良機

當友人舉行婚禮之際，此乃一良機，讓我們於友人及其親屬面前自我展現。通常在此情境下，眾人尚未相識。因此，於婚禮正式開始之前，向新郎新娘及其父母自我介紹，隨後奉上禮物，祝福新人，無疑能使他們對我們留下深刻印象，並心存感激。婚禮正式開始後，於喜慶的氛圍中，我們可觀察周圍各色人群，透過交談、獻歌或敬酒等行為，使自己得以充分展現，讓更多人認識自己。

◆ 熟人引薦：結識成功人士的捷徑

無論一個人的才能多麼卓越，其精力與時光皆有限。初入社會的青年，欲在短期內結識眾多成功之士，必然面臨相當的困難，而透過熟人之引薦，無疑是一條便捷之途。

◆ 維護關係：與成功人士及退休前輩交往之道

與成功之人相交，猶如存款，日積月累，數年之後便可累積可觀之財。因此，與成功人士的關係需謹慎維護與經營。若平日無往來，則如同不存款，僅在有需時尋求援助，則如取款而不存款，存摺終會見底。對於那些已退休的前輩及上司，我們應設法與之拉近距離，贏得他們的欣賞。無可置疑，退休者最為難忍者，便是目睹空蕩蕩的孤寂，此時若有人如昔日般尊重他們，必將令其感動。退休者不必然失去發言權，有時他們甚至擁有意想不到的影響力。

◆ 資源整合：融入富者之域的關鍵

欲欲越過貧者之壁，融入富者之域，宜從周遭資源下手，妥善整合，涵蓋以下兩方面：

1. 整合自身的資源。依據個人之知識架構與職業類型，選擇合宜的致富途徑。

2. 整合他人的資源。無論是他人的時間、經驗、財富或觀點，凡屬他人的長處，皆可為我所用。

資源猶如一副撲克牌，牌多未必能獲勝。智者擅於尋找合適的資源與機會，將其整合，組成同花順等佳牌。故能「擺牌」者，方能成為勝者。

人生無畏，輸贏由心

本文探討了在人際交往中如何抓住機遇並經營人脈的智慧。婚禮等社交場合是自我展現的絕佳時機，透過真誠的互動與行為，可留下深刻印象，促進人際拓展。初入社會的青年，欲結識成功人士，熟人引薦是一條有效途徑。此外，與成功人士的關係需長期經營，切勿僅在有需時求助；特別是對退休前輩的尊重與關心，不僅能延續情誼，更可能帶來意想不到的幫助。成長錦囊則提供了整合資源的策略，提醒我們善用自身與他人的資源，如同擺牌一般，巧妙組合以贏得成功。

人際之情若充分顯現，方能展現其影響力

過度之行，必然導致害處。在人際交往中，亦當謹記此理。知曉何為適度，則能贏得他人之青睞與尊重。無論行何事，能守禮節，實乃珍貴之德，亦將使我等受益無窮。

明慎之智者，既能避開他人之反對，亦能不輕易反駁他

人。雖早已做出評判，然則在眾人之前，絕不輕言己見。他們將見解深藏，默默靜候，直至遇到賢達之士，方才顯露其志。

◆ 交際智慧：避免不適之言

一位少女去友人家拜訪，回家後，便撰寫了一封感謝信，信中大意為：「在我回到家後，心情頗佳。然而，於你家所受蚊蟲之叮咬之痛尚未消退。然今身處自室，故仍覺欣喜。」此少女本意在於對友人的熱情款待表達感激，然結果卻顯示其交際之智慧不足。智者擅於交往，能夠洞察他人之心意，少談自身之事，對於自身無興趣之事亦不輕易表露厭倦。

◆ 傳遞真相：以得體與技巧化解難題

揭示真相或許使人陷入困境，然善良之人必然無法沉默，此時需掌握精妙之道。明理之醫者知曉如何使苦澀之藥化作甘甜。向他人傳遞真相，實乃極其痛苦，此時高超的技巧與得體的舉止顯得尤為重要。聰慧者只需點到為止，甚至無言以對。若欲以苦藥治人，最宜裹以糖衣後再行給予。

◆ 他者視角：在交往中贏得認同的技巧

許多人在行事時常常無意中做出一些令人不悅之舉，卻全然不察。若欲在交往中獲得他人的認同，通常需如此行事：

1. 應當習得他人的角度，以其立場思量事宜。

2. 在行事之際，應當兼顧他者之利與其情感。

3. 在表達異議之時，宜避免直接與對方對立。

4. 對於事物的本質，應迅速作出判斷。在某些必要的情況下，亦須做出合理的妥協。

5. 勿執己見，因為我們所堅持者，僅為眾多意見之一。

6. 應當以真誠與仁慈為本，以便將衝突轉化為和諧。

7. 在面對困難與窘迫之事時，應當習得承擔之道。

人生無畏，輸贏由心

本文探討了交際中的智慧與技巧，強調善於洞察他人之心的重要性。一位少女的感謝信因表達不當而顯得缺乏交際技巧，提醒我們在交流中需注意他人感受，少談自身瑣事，避免流露厭倦之情。此外，文章指出揭示真相需要高超技巧與得體舉止，應以糖衣裹苦藥之道來化解尷尬。成長錦囊則提供了七項交往技巧，包含站在他者立場考慮問題、兼顧他人利益與情感、避免直接對立及合理妥協等建議，幫助我們在交往中贏得認同，將衝突轉化為和諧。

說別人想聽的，而不是自己想說的

我們必須以聽者所用的言語與其對話，與木匠交談時，當採木匠之術語；與司機交流時，則須用司機之語言。唯有使用聽者所能理解之言辭與術語，方能達成溝通之目的。

◆ 轉向他人：贏得青睞與尊敬之道

若一人唯有自私之念，則其難以獲得他人的青睞與尊敬。欲成為受人敬仰之者，當將目光由自身轉向他人。「人性之中最為強烈之渴求，乃是渴望他人的仰慕。」若只沉溺於自我之關懷，則無暇顧及他人。彼人無法自我獲得關懷，必然也不會留意於我。

◆ 共鳴的力量：溝通中的聲調與肢體語言

一位卓越的溝通者擅長於與他者達成共鳴，進而贏得他人的認同與信任，因而其所表述的見解更易被採納。在人與人之間的面對面交流中，三大要素為文字、聲調與肢體表達。眾人往往重視言辭的內容，然則卻忽視了聲調與肢體表達之重要性。實際上，欲在溝通中贏得他者的認可，除了需運用彼方的語言外，亦需使自身的聲調與肢體表達與對方的習慣相符合。

◆ 讚美與關懷：滿足他人自尊的良策

當他人對我們表現出關懷之時，若此關心不會對自身造成損害，則常人多不會拒絕之。尤其是當這份關懷能夠滿足自尊之時，人們對於施予關懷者，往往會即刻產生好感。滿足他人自尊之良策，無疑是出於善意的讚美。若對方為女性，單是說一句「你的髮型真美」，便可使她心情愉快；若再進一步提及「若稍微剪短些，必會更顯可愛」，則對方必能感受到我們的關懷之意。若能持續表達此等關懷，則對方必然會對我們愈加親近與信任。

◆ 重視話題：記住他人之言贏取好感

若能銘記於心他人曾言之語，隨後再以此為話題，必然能贏取他人之好感。尤以對方之興趣、嗜好、理想等，皆為其心中最為重要且有趣之事，故一旦提及此等話題，必能令對方倍感歡愉。

◆ 細微關懷：捕捉變化贏得認可

須及時察覺他者之細微變化。人皆渴望他人之關懷，而對於關心己者，通常心中皆有好感。因此，欲獲得對方之青睞，應首要積極展現自身之關懷。只要發現對方之衣著或所用之物有些微之變化，則不可吝嗇言辭，應即告知對方，表達我等之關心。於此時此刻，絕無人會因此而不悅。

◆ 稱名的親切感：頻繁提及對方名字

在西方之地，人們常言:「史密斯先生，願意來杯咖啡嗎？」或「史密斯先生，對此事你有何見解？」如此頻繁地提及對方之名，無疑使得彼此之間生出一種親密之感，彷彿早已相知已久。其原因之一，乃是對方會感受到我方對其之認可。

◆ 提供關心的資訊：持續分享與建立關懷

應該提供對方所關心之「資訊」。將其感興趣之事物記錄於心，於再次相見之際，便可將這些「資訊」供其參考。即便僅僅與之會面過一次，若能牢記對方之興趣，於第二次、第三次相聚時，持續分享該領域之知識或趣聞，以此顯示對其的關懷，必然會增強其對我之好感。

◆ 傾聽的智慧：讓他人暢所欲言

使他人暢所欲言，乃是獲取所需資訊之道。若能針對所獲資訊，洞悉對方心態，精準施策，成功之機便大增。無論在市場行銷或談判之中，促使對方多言皆為明智之舉；人際交往亦然。若能滿足他人之言談欲望，彼則愈加專注於我方所言，心情愉悅，交往自會暢通無阻。與其自我繁瑣地言說，不如暢快地讓他人表達，反而能收穫意外之效。若能給予他人發聲之機，便可在心中留下良好之印象，彼等亦更願意與我交流。

◆ 站在對方立場：避免強加己見

他人所欲之言，非所欲之言也。眾人常習慣於將己之見與思維強加於他人，固執地認為自身之見乃最佳之法。雖其出發之意在於助人解困，然則未曾置身於他人之境而思其適宜與否。是故，交談之際，不宜先自設標準與結論，宜站於對方之立場，細思其看法，而非獨自闡述大道理以迫使他人接受。

◆ 五步溝通法：情感共鳴與價值觀趨同

若欲於交談中獲得他者之認同，則應遵循五步之溝通法：

首步，情感之共鳴，面容之和諧。次步，聲調與速率之協調。三步，肢體之動作共振。四步，習慣用語之相融。五步，價值觀之趨同。

人生無畏，輸贏由心

本文探討了在人際交往中贏得他人青睞與尊敬的智慧策略，並提供了實用技巧。文章首先指出，只有轉向關注他人，才能獲得認同。卓越的溝通者需兼顧言辭、聲調與肢體語言，以創造情感共鳴。滿足他人的自尊心和記住對方的重要話題，能加深情感聯繫。同時，細微關懷、稱名、提供對方關心的資訊，都是贏得好感的有力方式。此外，應學會讓他人暢所欲言，而非將己見強加於人，從對方立場出發思考問題。最後總結了五步溝通法，透過情感共鳴、語調與肢體相融等方式，幫助個體在交流中獲得認同，構建和諧而有力的人際關係。

口吐蓮花，才能香飄四溢

人皆渴望他人的讚譽，此讚譽可滿足他人之自尊，亦能贏得他人對己之敬重。今我輩以友誼之情對待送報之人，或許他日便可成為醫者，當我等生病之時，由彼來診治，方可知曉：肯定他人，實則扶持自我，最終皆為贏家。

◆ 鼓掌喝采：溫暖他人心靈的陽光

為他人鼓掌喝采，乃是對其價值的敬重，能使其在冷酷而激烈的競爭中感受到一絲溫暖。每一隅角落皆渴望陽光的照耀，每一人皆期待美好時光的降臨，每一顆心靈皆渴望彼此的共鳴。我們對他人的安慰與鼓勵，或許能為他人帶來一片燦爛的陽光。

◆ 間接讚美：藉他人之言表達善意

真誠的讚美能夠深深觸動他人的心靈，然則，直接的讚美有時會使受者產生警覺，心生戒備，以為我們有所圖謀，故而溢美之辭。是以，藉他人之言以表讚美，乃是一良策。譬如，言「他人皆言你……，故我今日特來請教」，此言之效遠勝於直言讚美。

◆ 具體讚美：從細節促進情感交流

讚美他人必須符合真實，既能實現交流之目的，又不應違背客觀真理。若對對方的了解尚淺，無法達成思想上的共鳴，則可從具體事物入手，以促進情感的交流。例如，對於下屬，可談及其給予我們的良好印象。

◆ 讚美他人所驕傲之事：讓幸福倍增

應當讚美他人所引以為榮之事。於一個人的生命旅程中，無數值得驕傲之事皆可尋見，誠摯地讚美此等事物，能使己與他人之關係更為融洽，亦可使他人更易接受我之讚美，感受到幸福。譬如，對一位教師，吾人可讚揚其所教之學生；對一位默默奉獻之母親，則可稱讚其成就卓越之子女；對一位長者，則應歌頌其一生所獲之成功。

◆ 讚美的原則：恰當得體是關鍵

讚美猶如灌溉玫瑰之水，自然無需刻意，便可獲得他人之認同，成就偉業。欲使讚美達至預期之效，則須遵循以下原則：

1. 應當及時行事。不可待他人離去之後，方展現自身卓越的口才，此舉無益於事情之進展。

2. 公平與正義為德之根本。過度的讚美乃諂媚，唯有誠實方能獲得他人之承認。

3. 切忌空泛之言。讚美不可無根而生，必須基於實際之事物。

4. 應當得當。讚美之辭須考量對方之身分、地位與職業，以使其心悅誠服，並使其聽來不似奉承之辭。

◆ 讚美與感謝的藝術：技巧與心意並重

適時地以讚美與感謝回報他人，不僅能使對方獲得深切的心理滿足，亦能增進彼此之間的情感及心靈的默契。然而，讚美之道需講究技巧：

1. 務必留心他人之優點。

2. 請教讚美之法，此術不僅令他人欣然受讚，亦展示自身虛心求學之姿，堪稱一舉兩得。

3. 言辭須具新意。新穎之言辭自有其吸引力，縱使簡單亦能激勵人心。然若讚美之語反覆陳述，則不僅顯得乏味，亦令人厭煩。

4. 觀點須具新穎。讚美應當有獨到之見，縱使暫未覺察對方新意，亦可於表達角度上求變與創新。

人生無畏，輸贏由心

本文探討了讚美在促進人際關係與情感交流中的重要性，並提供了實用技巧。文章指出，讚美他人能帶來心理滿足與幸福，但須講究方式和時機。間接讚美比直接讚美更易被接受，而具體讚美則能促進更深的情感聯繫。尤其是讚美他人引以為榮之事，更能提升彼此關係的融洽程度。讚美需得體，避免過度或空泛之辭，而應基於真實與公平。進一步強調讚美的創新與觀點的新穎，並提醒讀者以真誠與感謝之心進行表達，方能在交流中獲得最佳效果，增進彼此的默契與尊重。

謹慎拒絕比輕率同意更受人敬重

謹慎地拒絕比輕易地答應更受敬重。有些人常說「不」，即便後來妥協，初始的失望已經造成，故難以贏得好感。應避免直接拒絕，讓他人逐漸理解並接受拒絕的結果。

◆ 巧妙拒絕：用尊重化解直接傷害

為了避免直接拒絕所帶來的傷害，我們可以以巧妙之法拒絕他人，譬如以沉默來表達「不」，或對他人的興趣不作表態，亦可輕笑而過。這樣的巧妙拒絕不僅展現了我們對他人的尊重，還使得我們與他人的交往變得更加輕鬆。

◆ 果敢拒絕：減輕壓力避免困擾

果敢拒絕，並非必然導致困擾，反而或可減輕壓力。若當下不願意表達拒絕，心中的不快將會累積，終有一日當忍耐達到極限，便會失去控制地喊出拒絕。屆時，面對難以挽回的局面，旁人或會不解地問：「你何以不早言拒絕？」

◆ 拒絕之選擇：堅守主見塑造自我

「不」雖然象徵拒絕，但亦是一種選擇，個體藉由不斷的選擇塑造自我、界定自身。因此，當吾等言「不」時，亦即言「是」，顯示吾等不欲成為那種人。為人須有自身價值評斷與主見，不能隨波逐流或受外在因素操控，否則，人生將面臨諸多意外的困難與困境。

◆ 保留希望：柔和拒絕的藝術

毋庸置疑，若全然拒絕他人，則世人將不再對我們寄予期望。應當時常留存一絲希望，使得我們的拒絕顯得柔和。即便無法提供對方所渴望的援助，亦應以禮相待，並以友善之辭作為補償。「否」與「是」雖言辭簡短，然其表達須穩妥適當，實在需費心思。

◈ 尊重與委婉：清晰拒絕避免不悅

即便拒絕他人，亦應先聽其言盡，此乃基本之尊重。如此行事，乃為清楚明瞭其請求內容。我們需顯露被其熱情所感動之態，然亦須保留決定性答覆之餘地。數次交談後，言道：「經深思熟慮，仍不便接受，深感歉意。」如此拒絕他人。此法令對方心感滿足。以此理由為託辭，對方被拒之不悅，多能淡化。

◈ 拒絕的智慧：守住自我與能力範圍

無論何人，皆會感受到拒絕他人請求之困難。然而，若一味接受，則極有可能迷失自我，失去自主之權。若能巧妙地拒絕那些難以拒絕的請求，則可更好地專注於自身之事。

1. 若無能為之，則應明確地拒絕之。

2. 詳盡闡述拒絕之因。

3.、以恰當的言辭表達情感。例如「誠摯致歉……」、「實在感到歉疚……」、「我樂意為你服務，然則……」

4. 明確自身的能力範圍。若遇能力所限之事，切勿勉強行之，否則後果將不堪設想。若他人仍然強迫你承擔，則應事先表明立場。最佳之策乃是：力所不及者，當不輕易應允。

提供若干替代之策。例如：「或許他能協助你完成某些事務」……此舉將使他人感受到你之真誠。

人生無畏，輸贏由心

本文探討了拒絕他人請求的智慧與方法，指出巧妙、果敢且尊重的拒絕是保護自我與維護關係的關鍵。文章首先強調巧妙拒絕能避免直接傷害，果敢拒絕則能減輕壓力，幫助個體堅守主見，塑造自主性。柔和拒絕則需保留希望，使拒絕顯得得體並顧及他人情感。委婉的拒絕應基於充分的尊重，透過傾聽與合理託辭，淡化對方的不悅。本篇最後進一步提供實用技巧，包括明確拒絕、闡述理由、提供替代方案等，幫助人們在保持自主性的同時，維繫和諧的人際關係。

讚美你的人，也有可能詆毀你

與滿身菸草氣味之人為伍，無法保持一身芬芳。常與人交往，易於被其影響，無意中吸納他們之興趣、見解、價值觀及思維習慣。若所交之人修養不足，對事物之判斷過於偏激，則會對我產生不良之影響。基於此等危害之嚴重性，吾輩當謹慎交友。

◆ 謹慎言辭：遠離瑣屑與狹隘

言辭之謹慎，並非只限於討論崇高或哲理之事。閒談亦可為之，然若常常沉迷於瑣屑無聊之事，並且毫無節制地探討，終將使自身變得瑣屑無趣。倘若總喜愛談論他人，或責備、或讚美、或攀比，必然使心胸狹隘。

◆ 識友之道：遠離外衣下的惡意

有兩隻智慧之鳥，其中一者以辱罵為能，另一者則以歌頌為長。主人將會辱罵的鳥與會歌頌的鳥置於同一囊中，意圖使前者學會後者的歌聲，然則意外發生，會歌頌的鳥卻先習得了辱罵之術。若一人將其惡意隱藏於友誼之外衣之下，則其易使我們喪失警覺。此等人物非友，乃需避之之敵。交友之道必當謹慎，宜結交德行高尚之友，遠離品行不端者。

◆ 不善之友：毒氣般的危險影響

不良之德如同瘟疫，彼此相互蔓延。猶如將一名健康者置於充滿毒氣之密室，久而久之，必將遭其侵擾。不善之友宛如毒氣，潛移默化中侵害於我，而我卻渾然不覺，待覺醒之時，往往已為時已晚。

◆ 慎選朋友：交友需品德與價值共鳴

我們無法如同發現琴弦音不準時立即調整音色般，隨意調整我們的交友圈，因此應當謹慎選擇與誰為伍。並非因他人對我們和善，我們便必須與之共處；亦非他人對我們的事務感興趣，我們就必須與之交往。應盡量選擇那些能夠提升我們品德、激發我們最大優點之人為友。

◆ 選擇增光者：遠離使己失色之友

與其結交那些使人自愧不如者，倒不如選擇能使自身更顯光彩之友。愈是卓越之人，愈能獲得眾人的讚譽。此等人物常常引領於前，而我們只能隨後而行。即便我們能夠贏得他人的敬仰，亦僅是他人所施予的微薄恩惠。當月亮孤懸於天際時，尚可與星辰爭輝；然當太陽升起，則其光輝便會隨之消逝，甚至隱匿無蹤。故而，應當遠離那些使自己失色之人，反而應結交能為自身增添光芒者。

人生無畏，輸贏由心

本文探討了交友的智慧與對話的態度對個人成長的影響。首先，文章提醒我們在談話中保持謹慎，遠離瑣屑無聊的話題，避免談論他人導致心胸狹隘。其次，選擇朋友需謹慎，應警惕那些隱藏惡意的人，因不善之友如同毒氣，會不知不覺侵蝕我們的品德。此外，文章強調交友應追求品德提升與價值共鳴，而非僅因他人和善或對己感興趣而結交。最後，應避免與使自己黯然失色之人為伍，而應選擇能增添光彩、激發潛能的良友。真正的友誼應助力雙方共同成長，而非使一方受損或削弱。

譯者結語

活出卓越人生的藝術

在人生旅途中，我們常常面臨挑戰與抉擇。本書帶給我們的是一套完整的人生哲學，涵蓋細節、心態、專注與時間管理等多個層面，提供了一種實現卓越的智慧方式。

一、細節決定成敗：微小之事的大影響

◆ 1. 忽視細節的代價

細節的處理是成功與失敗的分水嶺。正如書中提到的故事——失去一枚釘子導致戰馬折斷，進而使一場戰爭失敗。這些生動的案例揭示了細節對全局的巨大影響。生活中的微小疏忽，無論是車輛的遊絲斷裂，還是一粒微塵進入眼中，都可能帶來無法估量的損失。這提醒我們，不論是生活還是工作，都應謹慎對待每一個細節。

◆ 2. 細節中的機遇與成就

相對於忽視細節的危害，重視細節則是一種通向卓越的能

力。從科學家海姆霍茲在傷寒病中購買望遠鏡開始研究，到羅蘭德．希爾因偶然觀察到旅店的郵政問題而進行改革，每一個成功的故事都與他們對細節的敏銳洞察密不可分。小事往往孕育著改變命運的契機，只有那些善於注意細節的人，才能發現並把握這些機會。

二、心態與自我：樂觀是幸福的起點

◆ 1. 樂觀的力量：從悲觀中走出

書中強調了心態對人生的深遠影響。「消極者唯有目睹方能信服，而積極者則信於心，遂得所見。」我們的情緒與心態決定了我們如何看待世界。樂觀者總能從失敗中汲取教訓，而悲觀者則可能陷入自怨自艾之中，喪失向前的動力。同樣的景象，悲觀者看到的是太陽的沉落，樂觀者則看到星辰的升起，這正是心態影響人生的最佳寫照。

◆ 2. 正向心態對健康的益處

樂觀心態不僅改變了生活的品質，還對身體健康產生了正面影響。科學實驗表明，不良情緒會對人體產生毒性，而樂觀的態度則有助於增強免疫力。阿拉巴馬農夫的故事也證明，即便面臨死亡威脅，始終保持微笑與希望的人，最終成功戰勝了病魔。

◆ 3. 自我接納與情緒管理

「在此世之中，爾既可為自身之良友，亦可化為最大之敵。」自我接納與樂觀對待生活，是幸福的核心。面對挫折，我們需要學會將痛苦轉化為行動的動力，將內心的不快釋放出來。哭泣、音樂、香氣療法等方法，正是釋放情緒的有效途徑，幫助我們走出情緒低谷，重新面對生活的挑戰。

三、時間的智慧：偉人如何管理 24 小時

◆ 1. 審視與優化時間的使用

「偉人乃時光之吝嗇者。」書中提出了對時間的管理方法，包括審視時間的去向、剖析無效的時光，以及排除無謂的消耗。時間是最寶貴的資源，若稍有虛度，將無法彌補。透過對日常生活的檢視，我們可以辨別哪些事是無意義的浪費，從而專注於更具價值的行動。

◆ 2. 善用零星時間：積少成多的力量

西塞羅與培根等偉人的故事告訴我們，利用零星的時間汲取知識與實踐，可以成就非凡。漢弗里．戴維在藥房工作的閒暇中進行實驗，最終成為傑出的化學家。這些故事提醒我們，零碎的時間看似不起眼，但若積少成多，便能創造出巨大的價值。

◆ 3. 守時的價值與效率工具

守時是一種珍貴的美德，它不僅贏得他人的信賴，也能提升自身的效率。書中還提供了時間管理的實用工具，如制定工作清單、運用日曆與記事本等方法，幫助我們更有效地利用時間，實現目標。

四、聚焦目標：專注帶來卓越

◆ 1. 專注的重要性

「門門皆通，樣樣不通。」過於分散的精力，往往導致一事無成。書中反覆強調，與其追求多而不精，不如專注於一技之長，將其做到極致。專注能讓我們在某一領域中擁有無可替代的價值，成為該領域的領袖。

◆ 2. 遠離瑣事，聚焦核心

過度沉溺於瑣事，會讓我們的精力消耗殆盡，無法專注於重要目標。書中建議，學會授權他人處理次要事務，將更多時間與心力集中在真正重要的工作上，從而提高效率，實現更大的成就。

◆ 3. 專業的價值與堅持

成功需要專業的深耕與長期的堅持。一個人在其專業領域中投入數十年的時間，必能累積無可替代的專業知識與技能，從而站穩腳跟。專注於質的提升，而非量的堆積，是實現卓越的關鍵法則。

五、生活的意義：放慢腳步，珍惜當下

◆ 1. 生活中的美：幸福的真諦

書中以商人、漁夫與邁達斯的故事，揭示了對生活的不同理解。過分追求物質與名利，可能會忽略當下的美好，而那些懂得欣賞自然、享受當下的人，則更能體會生活的樂趣。幸福並不在於財富的多寡，而在於能否從日常生活中感知快樂。

◆ 2. 減緩腳步：發現幸福的風景

「無需急於向前奔跑，應當留意途中的美麗風景。」生活需要我們減緩腳步，放下內心的焦慮與貪念，用心感受自然的美與生命的奇妙。花草的芬芳、鳥兒的歌唱，這些日常的美好，往往能為我們帶來內心的寧靜與滿足。

◆ 3. 美的力量與內心的豐盈

對美的欣賞，不僅能啟迪心靈，還能激發我們內心深處的潛能，使生活更加豐盈而有意義。培養對美的感知與鑑賞能力，遠勝於其他任何投資，它能讓我們在困境中看到光明，在平凡中找到樂趣。

六、情感與理智：掌控內心，成就未來

◆ 1. 理智的重要性

情感的波動，往往會影響我們的判斷力與行動力。在悲觀與衝動之際，應避免作出重大決策，待心境平和後再行思考。理智是成功者必備的素養，它能幫助我們克服內心的動搖與外界的干擾。

◆ 2. 自我調適與成長

面對困難與壓力，我們需要學會自我調適。無論是哭泣、音樂還是戶外運動，都能幫助我們釋放情緒，恢復內心的平靜。唯有掌控情感，才能在挑戰中走向成功。

活出真正的卓越人生

本書提供了一套完整的人生智慧，涵蓋細節處理、樂觀心態、時間管理、專注與生活的意義等多個層面。它啟發我們珍惜每一分每一秒，專注於重要目標，用心感受生活的美好，並以正面的態度面對挑戰與變化。

電子書購買　　爽讀 APP

國家圖書館出版品預行編目資料

奧里森．馬登談失敗（筆記版）：打破心理束縛，實現你的非凡人生 /[美] 奧里森．馬登（Orison Marden）著，伊莉莎 編譯 . -- 第一版 . -- 臺北市：複刻文化事業有限公司 , 2025.02
面；　公分
POD 版
譯自：Be brave or be a loser.
ISBN 978-626-7671-15-3(平裝)
1.CST: 自我肯定 2.CST: 自我實現
177.2　　114000471

奧里森．馬登談失敗（筆記版）：打破心理束縛，實現你的非凡人生

臉書

作　　者：[美] 奧里森．馬登（Orison Marden）
編　　譯：伊莉莎
發 行 人：黃振庭
出 版 者：複刻文化事業有限公司
發 行 者：崧燁文化事業有限公司
E-mail：sonbookservice@gmail.com
粉 絲 頁：https://www.facebook.com/sonbookss/
網　　址：https://sonbook.net/
地　　址：台北市中正區重慶南路一段 61 號 8 樓
8F., No.61, Sec. 1, Chongqing S. Rd., Zhongzheng Dist., Taipei City 100, Taiwan
電　　話：(02) 2370-3310　　**傳　　真**：(02) 2388-1990
印　　刷：京峯數位服務有限公司
律師顧問：廣華律師事務所 張珮琦律師
定　　價：350 元
發行日期：2025 年 02 月第一版
◎本書以 POD 印製